회복탄력성

일러두기

'emotional intelligence'는 '감성지능, 정서지능' 등으로도 번역되나 이번 How to Live & Work 시리즈에서는 '감정지능'으로 표기하였다. 유사한 경우로 'self-compassion' 은 '자기 자비'로(유사 표현: 자기 연민), 'self-awareness'는 '자아 인식'으로(유사 표현: 자기 지각, 자기 인식, 자의식), 'self-knowledge'는 '자기 이해'로(유사표현: 자기 인식) 번역어의 표기를 통일하였다.

HBR'S EMOTIONAL INTELLIGENCE SERIES: RESILIENCE

HOW TO LIVE & WORK #4

회복탄력성

다이앤 L. 쿠투 외 지음 | 김수미 옮김

실패와 위기에도 무너지지 않는 항체 만들기

21세기북스

차례

1
회복탄력성을
발휘하라

회복탄력성이 강한 사람들에게는
세 가지 특징이 있다

by 다이엘 L. 큐트

다이앤 L. 쿠투 Diane L. Coutu

「하버드비즈니스리뷰」의 수석 편집장을 역임했으며, 심리학과 경영학을 전공했다.

내가 언론인으로 첫발을 내딛던 때의 일이다. 당시 내가 기자로 일했던 한 유명 잡지사에 클라우스 슈미트(가명)라는 사람이 있었다. 햇병아리였던 내 눈에 50대 중반의 그 선배는 한마디로 기자의 전형이었다. 때론 냉소적이지만 무한한 호기심의 소유자였고 활력이 넘쳐났으며 종종 능청스러운 유머로 좌중을 웃길 줄도 아는 재미있는 사람이었다. 내 평생소원인 냉철한 커버스토리와 특집기사들을 그는 척척, 그것도 유려하게 써냈다. 그런 그가 여태 편집국장으로 승진 못한 게 믿어지지 않을 정도였다.

하지만 나보다 그를 더 오래 겪어본 사람들에게 그는 훌륭한 기자 이상의 존재였다. 모름지기 그는 실력자에게 적대적이기 일쑤인 환경에서 버티고 살아남은 인간 승리의 전형이었다. 잡지사 경영진이 적어도 세 차례 전면 교체되는 와중에 그는 절친한 친구들과 동료들 대부분을 잃었다. 가정적으로는 세 자녀 중 두 명이 불치병으로 쓰러졌고, 나머지 한 명은 교통사고로 죽었다. 그럼에도 불구하고, 아니면 바로 그 때문이었을까, 그는 날마다 기자실에 죽치고 살며 신참들 교육도 하고 자신이 쓰고 있는 소설 이야기도 하면서 어떤 멋진 미래가 자신을 기다리고 있을지 늘 기대하며 살았다.

클라우스 슈미트는 정반대로 살 수도 있었다. 실제로 그런 사람들을 주위에서 한 번씩은 보았을 것이다. 정리해고 여파로 좀체 자신감을 되찾지 못하는 사람, 만성적 우울증에 시달리는 사람, 이혼 후 원상복귀하는 데 수년이 걸리는 사람 등등. 왜 누구는 재기하고, 누구는 주저앉는가? 회복탄력성의 어떤 놀라운 특성이 사람들로 하여금 인생을 헤쳐나가도록 만드는 것일까? 이에 대한 해답이 절실하다.

　나는 초등학교 때 홀로코스트 생존자에 대해 배운 이후 계속해서 이 문제에 매료되었고, 보스턴 정신분석연구소 제휴연구원으로 일하면서 다시금 이 주제로 복귀했다. 하지만 지난 몇 개월 동안 새로운 경각심을 가지고 이 문제를 대하게 되었다. 최근 수개월간의 테러와 전쟁, 경기침체를 지켜보며 회복탄력성에 대한 이해가 그 어느 때보다 절실하다고 보았기 때문이다. 연구를 위해 나는, 첫째 개인적 차원에서 회복탄력성의 본질은 무엇이고, 둘째 전체적 차원에서 여타 조직에 비해 회복탄력성이 강한 조직의 요건은 무엇인지를 동시에 고려했다. 왜 어떤 사람 혹은 어떤 회사는 충격에 찌그러지는가? 반면 왜 다른 이들은 추락하다가도 끝끝내 더 높이 뛰어오르는가?

　나는 이번 연구를 통해 회복탄력성에 대해 많은 것을 깨닫게 되었다. 물론 이 주제를 완전히 이해할 사람은 아무도 없겠지만 말이다. 분명 회복탄력성은 창의성, 종교성과 더불어 인간의 본성이 지닌 가장 큰 수수께끼 중 하나임에 틀림없다. 나는 심리학 연구 자료들을 탐독하고 내가 아는 회복탄력성의 실제 사례들을 대입해보면서 클라우스 슈미트와 같은 사람들의 마음과 정신세계를 좀 더 심층적으로 살펴보았고, 그 과정에서 인간의 심리를 보다 깊이 이해하게 되었다.

장안의 화제, 회복탄력성

요즘 회복탄력성은 기업계 초미의 관심사다. 얼마 전 이름난 컨설팅회사 이사를 만나 특정 업계 취업의 보증수표인 최고 명문대 MBA 출신 인재 영입에 관한 이야기를 나누었다. 대니얼 새비조(가명) 이사는 자신의 회사가 원하는 인재상의 긴 목록에 적힌 항목들을 하나하나 체크해 내려갔다. 지성, 원대한 포부, 인격, 분석력 등등. 내가 물었다.

"회복탄력성 항목은요?"

"아, 그게 요즘 아주 인기지요. 요즘 뜨고 있는 최신 유행어라고나 할까요. 그래서 대놓고 자기가 회복탄력성이 강하다고 말하는 지원자들도 있어요. 그러면서 묻지도 않은 회복탄력성 이야기를 합니다. 하지만 솔직히 말해서 자신의 회복탄력성을 파악하기에 그 친구들은 아직 어려요. 인생을 겪어본 이후에 자신의 회복탄력성을 논하는 게 순서지요."

"혹시 회복탄력성을 파악할 방법이 있다면 시험해볼 의향이 있으신가요?"

"그게 기업 경영에 중요합니까?"

새비조 이사는 잠시 침묵했다. 40대 후반의 그는 인생과 사업 모두 성공한 기업인이었다. 하지만 정상에 오르는 길은 결코 순탄하지 않았다. 로드아일랜드 운소컷의 가난한 프랑스계 캐나다인 가정에서 태어난 그는 여섯 살 때 부친을 여의었다. 운좋게 풋볼 장학생으로 보스턴대학교에 입학했지만 음주 문제로 두 번이나 퇴학을 당했다. 이십대에 마음을 고쳐먹고 결혼, 이혼, 재혼을 거듭하며 다섯 명의 자녀를 길렀다. 그러면서 두 차례 행운을 맛봤다가 잃기도 하며 컨설팅업체 설립에 관여한 것을 계기로 현재의 이사 자리까지 오른 것이다. "그래요. 중요하죠. 사실 우리가 바라는 인재상 리스트에 있는 그 어떤 자질보다 중요합니다." 마침내 그가 인정했다.

나는 이 글을 취재하면서 이와 동일한 주장을 여러 차례 접했다. 딘 베커는 펜실베이니아 주 킹 오브 프러시아에서 회복탄력성 훈련 프로그램을 개발하고 전수하는 회사인 어댑티브 러닝시스템 회장을 4년째 맡고 있다. 그는 이렇게 말했다.

"교육 수준, 경험 유무, 훈련 여부보다 성공과 실패에 더 큰 영향을 미치는 요소가 개인의 회복탄력성 수준입니다. 그것은 암병동이든 올림픽경기장이든 중역회의실이든 어디서나 통하는 진리지요."

학문적으로 회복탄력성을 연구하기 시작한 것은 40여 년 전부터며, 최초 연구자는 미네소타대학교(미니애폴리스 주) 노먼 가머지 교수다. 그는 왜 정신분열증 부모 밑에서 자란 자녀의 상당수가 정신질환을 겪지 않는지 연구한 결과, 어떤 회복탄력적인 기질이 과거 사람들이 그럴 것이라 추정했던 것보다 정신건강에 훨씬 더 큰 역할을 하는 것으로 결론지었다.

현재 회복탄력성의 원인에 관해서는 다양한 이론이 존재한다. 보스턴 정신분석연구소 전 소장 모리스 밴더폴은 홀로코스트 피해자들을 고찰한 결과, 유대인 수용소에서 건강하게 살아남은 다수가 '완충적 보호장치plastic shield'를 지니고 있음을 발견했다. 그 방패는 유머감각을 비롯한 몇 가지 구성인자들로 이루어져 있다. 유머라야 블랙 유머가 대부분이지만 그래도 그것이 균형감각을 유지하는 데 결정적인 영향을 미친다. 이밖에도 타인과의 애착 관계 형성 능력과 학대자의 방해로부터 생존자를 보호하는 내적 심리공간의 확보 능력이 핵심적인 유익한 특성으로 손꼽힌다. 다른 부류의 집단을 대상으로 한 연구에서도 회복탄력성의 여러 다른 자질들이 속속 밝혀졌다. 미니애폴리스 소재 조사연구소Research Institute는 회복탄력성 및 청소년을 중점적으로 연구하는 비영리단체다. 이들은 상대적으로 회복탄력성이 강한 아이들에게는 어른들의 도움을 끌어내는 묘한 능력이 있다는 것을 발견했다. 회복탄력성이 강한 도심 빈민지역 청소년들은 운동신경이 좋다든지 해서 사람들의 관심을 끄는 재능이 있다는 연구 결과도 있다.

회복탄력성에 관한 초기 이론의 상당수는 유전적 요인의 역할을 강조했다. 단순히 태어날 때부터 회복탄력성이 강한 사람들이 있다는 주장에 논쟁은 쑥 들어가 버렸다. 물론 일리 있는 말이다. 하지만 갈수록 늘고 있는 실험적 증거들은 아동이건 집단수용소 생존자건 도산 직전의 기업이건 간에 후천적으로도 얼마든지 회복탄력성을 습득할 수 있음을 보여준다. 일례로 하버드의대 성인발달연구소(보스턴) 소장 조지 베일런트는 다양한 집단을 대상으로 한 60년간의 연구 끝에 인생을 살아가면서 회복탄력성이 현저히 강해지는 사람들이 있음을 발견했다. 일각에서는 처음부터 강한 사람보다 약했던 사람이 회복탄력성을 개발하기가 오히려 더 쉽다고 주장하는 심리학자들도 있다.

나는 연구 과정에서 다양한 회복탄력성 이론을 접했다. 각기 나름의 근거가 있었지만 내가 예의주시한 부분은 거의 모든 이론에서 공통적으로 주장하는 내용이었다. 대다수 이론들은 회복탄력성이 강한 사람들이 세 가지 특징을 보인다는 점을 기정사실화한다. 그 세 가지란 바로 냉철한 현실 직시, 인생은 스스로 지켜온 가치들에 비추어 의미가 있다는 확고한 신념, 그리고 즉흥적으로 대처할 수 있는 신통방통한 능력이다. 이중 한두 가지만으로도 역경을 딛고 재기할 수는 있겠지만 세 가지 모두를 갖추어야 진정한 회복탄력성이라 할 수 있을 것이다. 이 세 가지 특징은 조직에서도 마찬가지로 유효하다. 각각의 항목을 차례대로 살펴보도록 하자.

현실 직시

일반적으로 사람들은 회복탄력성이 낙천적인 본성에서 나온다고 생각한다. 하지만 이는 낙관론이 현실감각을 왜곡하지 않는 범위 내에서만 진실이다. 극심한 곤경에 빠진 상황에서는 낙관적 사고가 사실상 재앙을 초래할 수 있다. 경영연구원이자 작가인 짐 콜린스가 지적한 이 사실에 나는 통렬히 공감한다. 콜린스는 기업들이 평균을 뛰어넘어 쇄신을 이루는 노하우를 담은『좋은 기업을 넘어… 위대한 기업으로』를 집필하는 과정에서 우연히 이 개념을 발견하게 되었다. 콜린스는 회복탄력성이 강한 기업에는 당연히 낙관적인 사람들이 포진해 있을 거라고 어림짐작했었다(100% 틀린 짐작이었다). 그는 이러한 자신의 짐작을 8년의 베트콩 포로생활 중 갖은 고문을 당한 짐 스톡데일 장군에게 적용해보려고 애썼다.

콜린스는 당시를 이렇게 회상했다.

"나는 스톡데일 장군에게 이렇게 질문했어요. '포로수용소에서 살아남지 못한 사람들은 어떤 사람들입니까?' 장군이 대답했어요. '오, 그건 간단해. 바로 낙관론자들이지. 그들은 우리가 성탄절까지는 풀려날 거라고 했어. 하지만 그 시점은 성탄절에서 부활절, 독립기념일, 추수감사절로 차츰 옮겨지더니 급기야 이듬해 성탄절로 연장되고 말았지.' 스톡데일 장군은 나를 쳐다보며 이렇게 말했어요. '이보게, 나는 그들이 전부 낙심한 나머지 죽었다고 생각하네.'"

콜린스는 자신이 연구한 재계 유수 기업의 중역들 역

시 하나같이 눈 하나 깜짝하지 않는 태도를 지니고 있음을 발견했다. 하지만 회복탄력성이 강한 사람들은 스톡데일 장군처럼 생존에 중요한 지극히 냉철하고도 실제적인 현실감각을 지닌 이들이다. 그렇다고 낙관적 사고가 필요 없다는 말은 아니다. 일례로 의기소침한 영업팀에게는 할 수 있다는 의지를 북돋아주는 것이 사기 진작에 매우 강력한 도구가 될 수 있다. 하지만 더 큰 위기 앞에서 이보다 훨씬 더 중요한 것은 바로 냉철하다 못해 비관적이기까지 한 현실감각이다.

아마 이렇게 자문하는 사람들도 있을 것이다. "그렇다면 나 혹은 내 조직은 내가 처해 있는 현실을 제대로 이해하고 받아들이고 있는가?"

이런 질문은 바람직하다. 왜냐하면 대부분의 사람들은 대응기제의 한 방편으로 현실부정에 빠지기 일쑤라는 연구가 있기 때문이다. 현실을 직시하는 것, 더 나아가 진정으로 직시하는 것은 뼈를 깎는 작업이다. 진정 불쾌하고 고통스럽기 그지없는 일이다. 이어 소개할, 조직의 회복탄력성에 관한 이야기들을 통해 현실에 대응한다는 것이 어떤 의미인지 살펴보도록 하자.

2001년 9·11사태 이전 세계 굴지의 투자은행 모건스탠리는 세계무역센터 건물 입주기업 가운데 가장 많은 임대료를 내는 10개 업체 중 하나였다. 남쪽 타워의 43층부터 74층까지 총 22개층을 사용한 모건스탠리 사무실에서는 무려 2,700명의 직원들이 근무하고 있었다. 그 끔찍한 참사가 있던 날, 오전 8시 46분 첫 번째 여객기가 북쪽 타워로 돌진했고, 모건스탠리는 그로부터 단 1분이 지난 시각인 오전 8시 47분부터 대피에 돌입했다. 15분 후 두 번째 여객기가 남쪽 타워와 충돌했을 때, 모건스탠리 사무실은 거의 소개가 끝난 상태였다. 모건스탠리는 직격탄에 가까운 폭격을 맞고도 모두 합해 단 7명의 직원을 잃었을 뿐이다.

물론 그 조직이 운이 좋아서 그랬을 수도 있다. 사무실이 제2동(남쪽 타워)에 위치해 있었으니까 말이다. 캔터 피츠제럴드의 사무실은 첫 번째 공격을 받았기에 미처 손쓸 새도 없이 아까운 생명들을 잃고 말았다. 아무리 그렇다손 치더라도 모건스탠리가 그날 천우신조의 수혜자가 될 수 있었던 이유는 바로 그들의 냉철한 현실주의 덕분이다. 1993년 세계무역센터 테러 발생 직후 모건스탠리 경영진은 미국 경제의 심장부와도 같은 상징적인 건물에 위치한 자신들의 회사가 얼마나 테러리스트들의 이목을 끄는지, 여타 공격에 얼마나 취약한지를 새삼 인식했다.

이런 암울한 인식하에 모건스탠리는 물샐틈없는 방재 프로그램을 출범시켰다. 당시만 해도 사내 소방훈련을 심각하게 생각하는 기업이 드물었다. 하지만 모건스탠리는 달랐다. 개인투자그룹의 보안담당 부사장 릭 레스콜라는 숫제 군사훈련을 방불케 하는 소방훈련을 도입했다. 베트남전쟁 유공훈장에 빛나는 퇴역군인이었던 레스콜라는 책임지고 직원들이 재난상황에 대처하도록 맹훈련을 거듭했고, 그 자신 회복탄력성이 매우 강한 사람이었다. 9·11 참사가 미국을 강타한 날, 다른 건물관리자들은 입주자들을 향해 모든 게 잘될 거라는 말만 하던 그때, 레스콜라는 확성기를 잡고 모건스탠리 직원들을 향해 침착하게 평소 훈련한 대로만 하라고 외쳤다. 하지만 안타깝게도 레스콜라 자신은 참사를 피하지 못하고 7명의 사망자 중 한 사람이 되고 말았다. 이러한 레스콜라의 삶이 최근 몇 개월간 언론에 대서특필된 바 있다.

모건스탠리의 사장 겸 실무총책인 로버트 G. 스콧은 이렇게 말했다.

"테크놀로지 의존도가 매우 높은 금융서비스 업체의 경영자는 만일의 사태에 대비한 대책 마련에 부심하지 않을 수 없습니다."

하지만 모건스탠리는 최악의 경우에 대비가 되어 있었다. 만에 하나 근무지가 붕괴되더라도 직원들이 한데 모여 업무를 재개할 수 있는 비상 근무처를 한 곳도 아닌 세 곳에 확보해두었던 것이다.

"예비 근무처 다중화는 어마어마한 낭비처럼 보였습니다. 9월 10일까지는요. 하지만 9월 12일이 되니까 세상에 그런 천재적인 아이디어가 어디 있나 싶더라고요." 스콧도 인정했다.

천재적이란 말도 일리는 있지만 분명 여기에는 회복탄력성이 작용했다. 사실상 우리는 진정한 현실 응시를 통해 극심한 역경을 인내하고 살아남을 수 있게 조치하도록 우리 자신을 준비시킨다. 우리는 사전에 생존 대비책을 강구하도록 우리 자신을 훈련시킨다.

의미의 추구

현실 직시 능력은 회복탄력성의 두 번째 구성요소, 즉 혹독한 시기에 의미를 부여하려는 성향과 밀접한 관련이 있다. 우리 주위에는 현실에 압박이 가해질 때 자포자기하며 이렇게 울부짖는 사람들이 있다. "어떻게 내게 이런 일이 있을 수 있지?"

이런 사람들은 자신을 피해자라 생각하며 역경의 삶에서 교훈을 찾을 생각을 못한다. 하지만 회복탄력성이 강한 사람은 생각을 짜내어 자신과 타인을 위한 일종의 의미를 창조해낸다.

내 친구 재키 우와조(가명)는 원인불명의 양극성 장애 때문에 반복적으로 나타나는 정신질환으로 10년을 고생했다. 현재 그 친구는 유명한 출판사 직원으로 일한다. 직장도 좋고 가정도 있고 교회 내에서 평판도 좋다. 사람들이 어떻게 위기를 딛고 재기에 성공했느냐고 물으면, 그녀는 손으로 머리카락을 쓸어넘기며 이렇게 응수한다.

"사람들은 가끔 이렇게 말하죠. '왜 하필 나야?' 하지만 나는 항상 이렇게 말해요. '나라고 예외가 있겠어?' 사실, 나는 아프면서 많은 걸 잃었어요. 하지만 그보다 훨씬 많은 걸 찾았죠. 가장 암울했던 시기에 끝까지 나를 지켜봐주고, 또 앞으로도 영원히 내 삶을 의미 있게 해줄 멋진 친구들 말이에요."

회복탄력성이 강한 사람들은 이러한 의미 창출의 힘을 통해 현재의 역경으로부터 더 알차고 더 나은 미래로 건너가는 다리를 놓는다는 사실에 많은 연구자들이 동의한다. 그런 다리들은 현재를 관리하며 현재가 너무 버겁다는 느낌을 없애준다. 오스트리아 정신과 의사이자 아우슈비츠 생존자인 빅터 E. 프랭클은 이런 개념을 아름답게 잘 표현했다. 죽음의 고통 속에서 프랭클은 '의미 치료'라는 인도주의적 치료법을 개발함으로써 각자 자신의 삶에 의미를 부여할 수 있는 결정을 내리도록 도왔다. 어느 날 그는 마지막 남은 담배 한 개비를 수프 한 그릇과 교환해야 하나 걱정하며 노역을 가던 중이었다. 그는 사람을 잔인하게 괴롭히는 것으로 악명이 자자한 새로운 십장 밑에서 어떻게 일할까 궁리했다. 순간, 너무도 하찮고 무의미한 삶으로 전락해버린 자신의 삶이 역겨울 정도로 싫어졌다. 살아남으려면 뭔가 목적을 찾아야 한다는 걸 깨달은 프랭클은 머릿속으로 이 전쟁이 끝난 후 많은 사람들 앞에서 강제수용소 심리학을 강의하는 자신의 모습을 상상했다. 과연 그가 끝까지 살아남을 수 있을지 전혀 알 수 없는 상황이었지만, 그는 자신을 위한 구체적인 목표를 창출해냈다. 이를 통해 그는 그 고통스런 순간들을 무사히 넘길 수 있었다. 그는 자신의 저서에 이렇게 썼다.

"우리가 절망적인 상황에 처하거나 옴짝달싹할 수 없는 운명에 직면했을 때, 거기서도 인생의 의미를 찾을 수 있다는 사실을 결코 잊어서는 안 됩니다."

기업에서 실시하는 회복탄력성 코칭의 대부분은 프랭클의 이론에 기초한 것들이다. 나는 기업인들이 프랭클의 저서를 자주 인용한다는 사실에 감명을 받았다.

"강인성이라고도 불리는 회복탄력성 훈련은 사람들로 하여금 매일의 일상 속에서 삶의 의미를 형성하도록 돕는 방편입니다." 캘리포니아 뉴포트비치에 위치한 강인성연구소Hardness Institute 소장이자 어바인 캘리포니아대학 교수인 살바토레 R. 매디의 말이다.

"회복탄력성 훈련의 위력을 깨달은 사람들이 종종 이런 말을 합니다. '박사님, 이게 바로 그 심리치료라는 건가요?' 하지만 심리치료는 심하게 망가져서 복구가 필요한 사람들이 받는 것입니다. 저희는 일반인을 대상으로 인생의 기술과 태도를 제시하는 일을 합니다. 가정이나 학교에서 그런 것들을 가르쳐야 마땅하지만 그렇지 못한 것이 현실입니다. 그래서 저희가 기업인 교육에 나서게 된 겁니다."

하지만 회복탄력성 훈련가들은 생각보다 어려운 도전에 직면한다. 의미는 찾기가 힘들고, 한번 찾았다고 해서 계속 유지되거나 다시 또 찾을 수 있는 것이 아니다. 알렉산드르 솔제니친을 생각해보면 잘 알 수 있다. 그는 나치와의 전쟁, 굴락Gulag 수감생활, 그리고 암으로부터 살아남았다. 그러고 나서 안전한 버몬트의 평화로운 농장으로 옮긴 뒤에도 여전히 그는 '유치한 서구사회'에 적응할 수가 없었다. 그는 파괴적이고 무책임하다고 생각되는 서구의 자유에서 어떤 의미도 찾을 수 없었다. 비판자들에게 분노한 그는 자신의 농장에 은거하며 문을 걸어잠근 채 대중 앞에 거의 모습을 드러내지 않았다. 1994년 고난의 작가 솔제니친은 러시아로 되돌아갔다.

주어진 환경에서 의미를 찾는 것이 회복탄력성에 그만큼 중요한 요소다. 최고의 성공을 거둔 조직이나 개인이 강력한 가치체계를 지닌 것을 보고 놀라서는 안 되는 이유가 바로 여기에 있다. 강한 가치관에는 환경에 의미를 부여하는 힘이 있다. 왜냐하면 그것이 사건을 해석하고 재구성하는 틀을 제공하기 때문이다. 가치를 업신여기는 풍조가 만연한 요즘 시대와 달리, 전 세계적으로 회복탄력성이 가장 강한 조직이 가톨릭교회라는 사실은 결코 우연이 아니다. 가톨릭교회가 전쟁과 부패, 그리고 분열의 와중에서 2,000년 넘게 살아남을 수 있었던 주된 이유는 바로 만고불변의 가치체계 덕분이다. 살아남은 기업들에게도 기업 신조라는 것이 있어 단순한 이윤추구 이상의 목적을 부여해준다. 놀라운 것은 많은 수의 기업들이 자사의 가치체계를 종교적 용어로 표현한다는 사실이다. 일례로 거대 제약회사인 존슨앤존슨은 자사 가치체계를 신조Credo라 부르는데, 오리엔테이션 때 신입사원들에게 배부하는 자료에서부터 이 신조로 시작한다. 화물운송업체인 UPS는 늘 자신들의 숭고한 목적Noble Purpose을 강조한다.

회복탄력성이 강한 회사들은 세월이 지나도 웬만해서는 바뀌지 않는 가치체계를 가지고 있으며 위기 시 이를 지지대로 활용한다. UPS 회장 겸 CEO인 마이크 에스큐는 이 숭고한 목적 덕분에 1997년의 고통스러웠던 파업 사태로부터 회복할 수 있었다고 믿는다. 에스큐 회장의 말이다.

"마치 가족끼리 서로 으르렁대는 것처럼 너무나도 힘든 시기였습니다. 양측 모두 절친한 친구들인데 어느 한쪽을 택하라니 참으로 난감한 일이었지요. 하지만 숭고한 목적이 우리를 구했습니다. 노사 어느 편에 속하든 모두 하나의 공통된 가치체계를 공유했습니다. 그것은 우리 기업의 핵심이자 결코 변하지 않는 가치이며 우리가 내리는 중요한 결정의 대부분은 이 틀에 기초해 만들어집니다. 우리의 전략과 사명이 변할 수는 있어도 우리의 가치는 결코 변하지 않습니다."

하지만 '신조', '가치', '숭고한 목적'과 같은 어휘의 종교적 함축을 기업 가치의 실제 내용과 혼동해서는 안 된다. 논쟁의 여지가 있는 윤리적 가치를 표방하면서 회복탄력성이 강한 기업도 있다. 필립모리스는 갈수록 인기가 추락하는 상황에 직면해서도 놀라운 회복탄력성을 발휘했다. 짐 콜린스의 지적대로 필립모리스의 경우 매우 확고한 가치관을 표방하고 있지만, '성인의 선택'처럼 동의하기 어려운 것들도 있다. 하지만 필립모리스 경영진은 자사의 가치에 관해 확고부동한 신념을 가지고 있으며 워낙 강도 높은 신념체계 탓에 여타 담배회사와 차별화된 기업이 되었다. 이런 맥락에서 그 조직의 회복탄력성이 윤리적이냐 비윤리적이냐를 따지는 것은 무가치한 일이다. 그것은 단지 거대한 압박과 변혁의 상황에서 강인해지기 위한 기술과 능력의 문제다. 빅터 프랭클은 다음과 같이 썼다.

"대체로 계속 목숨을 부지한 사람들은 몇 년을 여러 수용소를 전전한 끝에 생존을 위한 아귀다툼에서 양심의 가책마저 잃어버린 그런 사람들이었습니다. 그들은 살기 위해서라면 수단과 방법을 가리지 않을 태세였습니다. 자기를 구할 수만 있다면 정직할 수도 그렇지 않을 수도, 심지어 잔인해질 수도 있었습니다. 우리, 살아서 돌아온 자들은 압니다. 우리 중 제일 양심적이었던 사람들은 돌아오지 못했다는 사실을."

회복탄력성이 강한 조직이 되기 위해서는 급여에 탄력적인 개인들보다 긍정적이든 부정적이든 조직의 가치가 사실상 더 중요하다. 만약 회복탄력성이 강한 직원들이 현실을 각자 다른 방식으로 해석한다면, 그들의 결정과 행동은 상충할 것이며 그들 조직의 생존은 의심을 받게 될 것이다. 그리고 조직의 약화가 명백해지면 회복탄력성이 높은 개인들은 자신의 생존을 위태롭게 하느니 차라리 조직을 버릴 가능성이 크다.

습관화된 기발함

회복탄력성을 구성하는 세 번째 요소는 뭐든 수중에 있는 것들을 가지고 용케 꾸려나가는 능력이다. 이런 기술을 가리켜 브리콜라주bricolage[1](사전적 의미로 '응급조치' – 옮긴이)라고 하는데, 프랑스 인류학자 레비스트로스가 처음 사용한 말로 심리학자들도 그 선례를 따르고 있다. 흥미롭게도 이 단어의 어원은 문자 그대로 '반등하다bounce back'는 의미로 회복탄력성resilience의 개념과 밀접한 연관이 있다. 레비스트로스의 말이다.

"옛날에는 동사 브리콜레bricoler가 (중략) 늘 어떤 과외extraneous의 움직임을 의미하는 말로 사용됐는데, 이를테면 공이 튀어오르거나 강아지가 길을 잃거나 말이 장애물을 피하려고 직선 코스에서 어긋나는 것을 말한다."

브리콜라주의 현대적인 정의는 청안력inventiveness, 즉 꼭 맞는 정식 도구나 재료 없이 있는 것만으로 즉석에서 해결책을 고안해내는 능력을 말한다. 브리콜뢰르bricoleur(한정된 자원과 도구를 가지고 창의성을 발휘해 새로운 것을 창조해내는 사람 – 옮긴이)들은 가재도구를 이용해 라디오를 조립한다든지, 자동차를 수리한다든지 하며 항상 뭔가를 고친다. 그들은 자신이 가진 것을 최대한 활용해 물건을 기상천외한 방법으로 이용한다. 예를 들어 회복탄력성이 강한 재소자는 끈이나 전선 같은 것을 발견하면 호주머니에 챙겨둘 줄 안다. 끈이나 전선은 나중에 요긴하게 쓸 수 있다. 그걸로 신발을 수선해서 신으면 생사를 가르는 혹한의 추위가 몰아닥쳤을 때 그 한 켤레의 신발이 목숨을 살릴 수도 있다.

상황이 나빠져 많은 사람들이 망연자실할 때 브리콜뢰르는 가능성을 상상하며 동일한 상황을 헤쳐나간다. 내 친구 폴 실즈와 마이크 앤드루스는 대학 시절 내내 기숙사 룸메이트였다. 아니나 다를까, 그들은 졸업 후에도 둘이 손잡고 학교와 기업, 컨설팅회사에 교재를 납품하는 회사를 차렸다. 사업 초반에 매우 큰 성공을 거둬 두 사람은 주식 백만장자가 되었다. 그러다가 1990년대 불황이 회사를 강타하면서 핵심 고객 다수가 떨어져나갔다. 설상가상으로 폴은 쓰라린 이혼과 우울증을 겪고 일을 할 수 없게 되었다. 마이크는 폴의 지분을 인수하겠노라 제안했지만 오히려 회사를 가로채 독차지하려 한다는 죄목으로 소송을 당했다. 아마 회복탄력성이 약한 사람이라면 이쯤에서 그런 진흙탕에서 발을 뺐을 것이다. 하지만 마이크는 그러지 않았다. 엎치락뒤치락하는 법정 공방의 와중에도 그는 어쨌든 자신이 할 수 있는 최선을 다해 회사를 지켰고, 딱 맞아떨어지는 사업 모델을 찾을 때까지 부단히 사업의 변화를 시도했다. 러시아와 중국 회사에 영어 어학교재를 판매하는 공동 벤처사업에 진출했는가 하면, 기업 고객을 위한 사보 제작 사업으로도 눈을 돌렸다. 한때는 경쟁업체를 위한 비디오 대본을 쓰기까지 했다. 이런 브리콜라주 덕분에 소송이 그에게 유리한 쪽으로 마무리 지어질 무렵 마이크는 완전히 다른, 그리고 사업 초반보다 훨씬 더 강건한 기업의 총수가 되어 있었다.

좀 더 높은 차원의 브리콜라주를 연습해볼 수도 있다. 1965년 노벨물리학상 수상자인 리처드 파인만은 이른바 지적인 브리콜라주의 한 예를 보여준다. 파인만은 순전한 호기심에서 금고털이 전문가가 되었다. 그는 금고털이 기술을 연구할 뿐만 아니라 금고를 들여놓고 열쇠를 채우는 사람들의 심리를 통찰해 금고 비밀번호를 추정한다. 이를 통해 그는 로스앨러모스에서 수많은 금고를 열었다. 일례로, 그는 이론물리학자들이 비밀코드를 지정할 때 자신들이 잊어버릴 위험이 있는 임의의 비밀번호를 쓰지는 않을 것이며 차라리 수학적인 의미가 있는 수열sequence을 사용하리라 짐작했다. 아니나 다를까, 원자폭탄의 모든 비밀을 보관한 세 개의 금고는 하나같이 2.71828로 시작하는 자연상수 e의 처음 여섯 숫자들로 맞춰져 있었다.

회복탄력성이 강한 조직이라고 해서 전부 리처드 파인만 같은 사람들만 있는 것은 아니지만, 그런 조직에는 브리콜뢰르들이 대거 포진해 있다. 사실상 생존력 강한 기업들은 즉흥력을 핵심 기술로 간주한다. 일례로 UPS는 수화물의 신속 정확한 배송을 위해 할 수 있는 모든 것을 다하도록 배송기사들을 정신무장시킨다. 에스큐 회장의 말이다.

"우리는 직원들에게 임무를 완수하라고 이야기합니다. 만약 즉흥력을 발휘해야 하는 상황이 되면, 당연히 그렇게 해야지요. 안 그러면 매일의 당면한 임무를 수행할 수가 없습니다. 신호등 고장, 타이어 펑크, 교량 물청소로 인한 통제 등등 갖가지 난감한 상황들을 한번 생각해보십시오. 만약 오늘 밤 루이빌에 눈폭풍이 몰려온다 칩시다. 그러면 몇몇 직원들이 한자리에 모여 이 사태를 어떻게 처리할지 의논할 겁니다. 누가 그렇게 하라고 시켜서가 아닙니다. 전통적으로 그렇게 해왔기 때문에 직원들이 자발적으로 모이는 겁니다."

1992년 미국 남동부를 쑥대밭으로 만들고 수억 달러의 피해를 입힌 허리케인 앤드루가 지나간 지 단 하루 만에 UPS는 화물배송을 시작했다. 당시 집을 잃은 수많은 사람들이 자동차에서 생활했다. 하지만 UPS 기사들과 간부들은 도로 폐쇄 지역으로 가는 화물들을 전부 분류해서 차에 갇혀 지내는 사람들을 찾아다니며 배송을 했다. 그게 바로 UPS의 전통이다. 허리케인 강타로 모든 것이 파괴된 이후에도 배송업무를 계속할 수 있었던 힘은 대부분 UPS의 즉흥적 기술에서 나왔다. 그리고 UPS가 이어온 전통이 혼란의 와중에서 직원들에게 목적의식과 의미를 부여해주었다.

하지만 UPS가 연마한 그런 종류의 즉흥력은 제멋대로인 창의력과는 천지차이다. 사실 규칙과 규제로 살아가는 UPS는 군대와 많이 닮았다. 에스큐 회장은 말한다. "저희 기사들은 차열쇠를 항상 똑같은 장소에 둡니다. 늘 똑같은 방식으로 문을 닫고요. 그리고 늘 입는 방식 그대로 유니폼을 입습니다. 저희는 정확한 회사입니다."

숨막히는 규칙들 같지만 이런 규칙들이 업무 진행에 필요한 한두 가지 고칠 것에 집중하게 해주었고, 그 덕분에 허리케인 앤드루 이후 회사가 반등할 수 있었다고 에스큐 회장은 굳게 믿는다.

칼 E. 웨이크는 에스큐 회장의 견해에 공감을 표한다. 미시간대학교 경영대학(앤아버) 조직행동학 교수인 그는 조직심리학계에서 가장 존경받는 학자 중 한 사람이다. 칼 웨이크 교수는 다음과 같이 썼다.

"사람들이 압박에 처하면 자신에게 가장 습관화된 대응방식으로 회귀한다. 생명의 위기를 느끼는 스트레스 상황에서는 창의성을 기대할 수 없다."

즉 일부 기업에서 창의성 약화의 주범으로 지목받는 규칙과 규제가 알고 보면 격변의 시대를 살아가는 기업의 회복탄력성을 강화시킨다.

서두에서 언급했던 선배기자 클라우스 슈미트를 기억할 것이다. 그분은 5년 전에 돌아가셨다. 하지만 그분이 살아 계셨더라도 내가 과연 그분과 회복탄력성에 관한 인터뷰를 할 수 있었을지 그건 잘 모르겠다. 만약 그에게 이런 질문을 했다면 어색한 기분이 들었을 것이다. "클라우스 선배님, 선배님은 진정으로 현실을 직시하셨나요? 역경 속에서 의미를 창출하셨나요? 업무적인 혹은 개인적인 재앙을 겪은 후 즉흥력을 발휘해 회복되셨나요?"

아마 선배는 대답을 못했을 것이다. 내 경험상 회복탄력성이 강한 사람들은 결코 자신을 그런 식으로 표현하지 않는다. 대개 그들은 자신의 생존담에 어깨를 으쓱하면서 모든 것을 행운 탓으로 돌린다.

분명 행운은 생존과 관련이 있다. 모건스탠리가 남쪽 타워에 입주해 있었던 것도, 사내 대비훈련을 해온 것도

운이다. 하지만 운이 좋은 것과 회복탄력성이 강한 것은
동의어가 아니다. 회복탄력성은 일종의 조건반사라고 할
수 있다. 세상을 대하고 이해하는 하나의 방식으로서 개
인의 마음과 영혼에 깊이 새겨진 본능 같은 것 말이다. 회
복탄력성이 강한 개인과 기업은 현실을 냉철하게 직시하
며, 역경을 만났을 때 절망 속에서 울부짖기보다는 그 속
에서 의미를 창출하며, 맨땅에서 해결책을 급조해낸다.
다른 사람들은 그렇게 하지 않는데 말이다. 이것이 바로
회복탄력성의 본질이며, 그것을 완전히 이해하는 길은 요
원하기만 하다.

2
누구나 회복탄력성 강한 사람이 될 수 있다

훈련으로 만들어지는 회복탄력성,
당신의 뇌를 훈련하라

by 대니얼 골먼

대니얼 골먼 Daniel Goleman
럿거스대학교 조직 내 감정지능 연구 컨소시엄의 공동회장으로『감성의
리더십Primal Leadership』의 공동저자이자,『뇌와 감정지능The Brain and Emotional
Intelligence』『선을 위한 힘A Force For Good』을 썼다.

회복탄력성을 기르는 방법은 두 가지가 있다. 하나는 자신과 대화하는 것이고, 나머지 하나는 자신의 뇌를 재훈련하는 것이다.

인생에서 결정적인 실패를 겪었다면 심리학자 마틴 셀리그먼이 「하버드비즈니스리뷰」에 기고한 기사 「회복탄력성 기르기Building Resilience」에서 건네는 현명한 조언에 귀 기울이자. 첫째, 자기 자신과 대화하라. 둘째, 자기 자신에게 인지적 중재cognitive intervention를 해주고, 패배주의적 사고를 낙관적 태도로 물리쳐라. 셋째, 비관적인 사

#1 회복탄력성

041

고를 물리치고 대신 긍정적인 세계관을 지녀라.

다행히 인생의 큰 실패는 자주 겪지 않는다.

그러나 그보다 자주 경험하게 되는 짜증나는 실수와 작은 시련들, 그리고 리더의 삶이라면 일상이 되어버렸을 골치 아픈 문제들을 딛고 다시 일어서려면 어떻게 해야 할까? 이 또한 답은 회복탄력성이다. 하지만 결정적 실패로부터의 회복과는 맥락이 다르다. 이때는 당신의 뇌를 재훈련해야 한다.

일상적으로 누적되는 귀찮고 짜증나는 일에서 회복할 때 우리 뇌는 결정적인 실패를 극복할 때와 매우 다른 방식으로 작동한다. 그리고 약간의 노력만 기울이면 삶을 우울하게 만드는 일을 겪고도 금방 회복하는 능력을 키울 수 있다.

너무 마음이 상해서 나중에 후회할 말이나 행동을 했다면(누군들 가끔 그렇지 않겠는가?) 뇌의 편도체가 전전두엽피질에서 뇌를 총괄하는 사령관을 장악했다는 분명한 신호다. 편도체는 위험을 탐지하고 투쟁-도피 반응fight-or-flight response을 촉발하는 기능을 한다. 신경계를 통해 회복탄력성을 기르기 위한 열쇠는 편도체가 활성화된 상태를 얼마나 신속히 복구할지에 달려 있다.

위스콘신대학교의 신경과학자 리처드 데이비드슨에 따르면, 편도체가 우리를 압도한 뒤 원래의 활력과 집중력을 회복할 수 있는 회로는 전전두엽 왼쪽에 집중되어 있다. 데이비드슨은 우리가 고통스러워할 때 전전두엽 오른쪽이 활성화된다는 사실을 발견했다. 말하자면 우리 모두는 왼쪽과 오른쪽 뇌의 활성 정도에 따라 그날그날의 기분에 영향을 받는다. 뇌의 오른쪽이 활성화되어 있으면 마음이 괴롭고, 왼쪽이 활발하면 스트레스를 빠르게 회복한다.

조직 구성원들의 회복탄력성 증진을 돕기 위해 데이비드슨은 업무 강도와 압박이 센 생명공학 벤처기업 CEO들과 매사추세츠대학교 의과대학 교수이자 명상 전문가인 존 카밧진과 팀을 이루었다. 카밧진은 생명공학 기업의 직원들에게 마음챙김을 실천하는 방법을 지도했다. 마음챙김이란 결국 현재 상태에서 온전히 집중하되 반응은 하지 않도록 뇌를 훈련시키는 집중력 훈련이다.

훈련 방법은 간단하다.

1. 몇 분 동안 방해받지 않고 혼자 있을 수 있는 조용한 장소를 찾는다. 예를 들면 사무실 문을 닫고 휴대폰 전원을 끈다.
2. 편안하게 앉아서 허리를 꼿꼿이 펴되 긴장을 푼다.
3. 호흡에 집중한다. 숨을 들이마실 때와 내쉴 때의 감각에 의식을 집중하고 다음 호흡으로 넘어간다.
4. 호흡이 어떠한지 판단하거나 다른 방식으로 숨을 쉬기 위해 일부러 노력하지 않는다.
5. 마음속에 떠오르는 것들은 무엇이 되었건, 생각이든 소리든 냄새든 주의를 흐트러뜨리는 방해물로 간주한다. 모두 마음 밖으로 흘려보내고 다시 호흡에 주의를 기울인다.

매일 평균 30분씩 8주 동안 마음챙김을 실천하자, 직원들의 뇌에 변화가 나타났다. 그 전까지는 뇌의 오른쪽이 주로 활성화되어 스트레스에 시달렸던 이들이 마음챙김을 실천한 이후 뇌의 왼쪽이 발달하면서 더욱 탄력적으로 스트레스에 대처하게 된 것이다. 더욱이 직원들은 일을 사랑하는 이유가 다시 떠올랐다고 말했다. 입사 초기 에너지를 얻었던 열정과 다시 가까워진 것이다.

마음챙김의 유익을 최대한 얻으려면 매일 20분에서 30분 정도 실천하는 것이 가장 좋다. 정신을 훈련하는 일과라고 생각하자. 전문가의 지도를 받으면 큰 도움이 되겠지만, 핵심은 마음챙김을 일과로 삼아 실천할 수 있는 시간을 확보하는 것이다(심지어 장거리 운전을 마음챙김을 연습할 기회로 활용할 수도 있다).

마음챙김은 냉철한 리더들 사이에서도 꾸준히 신뢰를 얻고 있다. 사업가들에게 적합한 방식으로 마음챙김을 지도하는 센터도 많다. 미국 애리조나 주의 미라발 리조트 같은 근사한 리조트에서부터 매사추세츠대학교 의과대학의 마음챙김 리더십 프로그램까지 종류는 다양하다. 구글대학교 또한 직원들에게 마음챙김을 가르치는 강좌를 수년 동안 제공하고 있다.

당신도 마음챙김 훈련법을 배워서 뇌의 회복탄력성 회

로를 조율해보면 어떨까? 높은 성과를 내는 리더들에게 스트레스는 은밀하게 유해를 끼친다. 나의 동료인 리처드 보이애치스와 애니 맥키는 다음과 같은 질문을 통해 지도자의 스트레스를 간단히 진단할 수 있다고 제안한다. "막연한 불안감과 초조함을 느끼거나 인생이 (단지 '괜찮은' 정도가 아니라) 훌륭하지 않다는 느낌을 받는가?" 잠시 짬을 내서 마음챙김을 실천하면 마음이 점차 평온해질 것이다.

3
나의 회복탄력성은 어느 정도이며, 이를 어떻게 관리하고 강화시킬 것인가

지피지기면 백전백승, 회복탄력성에 체계적으로 접근하라

by 데이비드 코팬스

데이비드 코팬스 David Kopans
피에프 루프PF Loop의 창립자 겸 CEO다. 피에프 루프는 긍정심리학 연구에
근거한 각종 소프트웨어 애플리케이션과 디지털 서비스를 통해 긍정적 변화
창출을 목표로 하는 회사다.

최근에 있었던 오프사이트off-site 미팅 광경을 한번 떠올려보자. 팀원 팀장 할 것 없이 모두가 보고서, 스프레드시트, 현황과 수치들을 쏟아낸다. 탁자 위에 널린 수많은 데이터들, 대차대조표, 손익계산서 모두 중요한 사업 수단임에 틀림없다. 경영자들은 명민한 분석이 회복탄력성 강한 기업의 관건임을 알고 있다. 하지만 이들 중 자기 기업의 적응력과 성장력, 그리고 확장력을 측정하고 강화하는 일에 체계적인 접근을 적용하는 경영자는 극히 드물다.

하지만 반드시 그렇게 해야 한다. 그렇다면 회복탄력성

강화를 위해 기업이 하듯 개인이 회복탄력성을 평가하고 관리하며 강화시킬 수 있는 실제적인 방안은 무엇일까? 나는 기업을 창업하고 조직하며 성장시켜온 그간의 내 경험과 개인의 회복탄력성에 관한 수십 년간의 연구 자료들을 토대로 몇 가지 실천방안들을 발견했다. 그 내용을 다음과 같이 소개한다.

긍정성 통화를 유통하라

마치 각국이 화폐를 발행하듯 회복탄력성을 찍어낼 수는 없을까? 물론 불가능한 일이다. 대신 나는 회복탄력성 신장의 3대 요소인 실생활에서의 긍정적 상호작용, 특정 사건, 기억에 근거해 소위 '긍정성 통화'라는 것을 개발해냈다. 이제부터 이 긍정성 통화를 사용해 회복탄력성에 접근해보도록 하자. 긍정성 통화라는 화폐는 긍정적인 일들에 집중하고 그에 대해 감사할 때만 '발행'되고 자산으로서 축적된다. 왜냐고? 긍정적 시각과 감사의 표시라는 이 금괴야말로 회복탄력성을 지원하고 형성해줄 진정한 자본력이기 때문이다.

긍정과 감사가 개인의 행복과 인생 만족도를 증진시키는 가장 믿을 만한 방법이라는 사실은 로버트 에먼스(UC 데이비스)와 마이클 매컬로프(마이애미대학교)를 위시한 여러 연구자들의 연구에서도 명확히 밝혀진 바다.[1] 이런 긍정성 통화의 창출로 불안을 감소시키고, 질병의 제반 증상들을 완화시키며, 수면의 질을 향상시킬 수 있다. 이렇게 되면 개인의 회복탄력성은 강해지게 마련이다.

기록하라

만약 우리가 기업을 평가하기 위해 어떤 평가도구를 사용하면서 기록을 제대로 하지 않는다면 소기의 목적을 달성하기 어려울 것이다. 개인의 회복탄력성을 양성하는 일도 마찬가지다. 어떤 긍정적 상호작용이나 사건, 기억을 기록으로 남기면, 아무런 기록 없이 긍정성 통화 기반 활동을 하는 것보다 긍정성 통화의 가치가 상승한다. 이는 긍정심리학의 대가 마틴 셀리그먼(펜실베이니아대학교)의 연구가 뒷받침하는 사실이다.[2] 당신의 긍정성 통화 교환 내역을 기록하라(가죽장정의 다이어리에 적거나 디지털 기록도 좋다). 데이터 포인트를 기입하는 요령은 간단하다. 그냥 범주별(가족, 친구, 일)로 죽죽 적어나가면 된다. 종이 노트에 적어도 좋고, 정보를 스프레드시트에 입력하거나 디지털 감사 일기 항목들에 해시태그를 붙일 수도 있다.

상승장세를 형성하라

투자자 수가 증가하면 금융시장은 호황을 누린다. 마찬가지로 긍정성 매수자들이 시장으로 들어오도록 격려할 때 우리의 회복탄력성이 증가한다. 이는 그다지 어려운 일이 아니다. 긍정성은 사회적 전이가 빠르기 때문이다. 니컬러스 크리스태키스(하버드대학교)와 제임스 파울러(UC 샌디에이고)는 그들의 저서 『행복은 전염된다』의 배경이 된 연구에서 행복이 스스로의 선택과 행동뿐만 아니라 두세 다리 건넌 사람들에 의해서도 좌우된다는 사실을 자세히 설명했다. 요컨대 내가 긍정적이 되면 다른 사람도 긍정적이 되도록 격려하게 되고, 그렇게 되면 '시장으로 자금이 역이입되는' 긍정적 피드백의 선순환이 일어나서 결국 타인의 행동에 의해 나의 회복탄력성이 증가하고 강화되는 것이다.

분산투자 방식으로 접근하라

회복탄력성이 강한 기업은 위험요소를 분산시킨다. 마찬가지로 회복탄력성 강한 개인들도 긍정성 통화를 분산시킨다. 그들은 자신의 '인생 포트폴리오' 전반을 통틀어 가장 수익률이 높았던 항목을 평가하여 그 부문에 더 많은 투자를 함으로써 종합적인 회복탄력성 증진을 꾀한다. 최고 수익률을 올린 자산들은 흔히 사무실 밖의 삶에서 비롯되는 경우가 허다하다. 사실 깨어 있는 시간의 대부분을 직장에서 보낸다고는 해도 일이 전반적인 긍정성 전망의 중심이 되어서는 안 된다. 2015년 블랙호크 인게이지먼트 솔루션스의 「행복 연구The Happiness Study」라는 보고서에 의하면, 응답자들은 전반적인 행복에 기여하는 12대 항목 중 직업을 8위로 꼽았다. 최상위 항목으로는 가족, 친구, 건강, 취미, 그리고 공동체가 올랐다.[3] 이 보고서는 이들 영역에 긍정성 통화를 더 많이 발행함으로써 최고의 기량을 지닌 상태로 직장에 복귀하는 능력을 증진시킬 수 있다고 쓰고 있다.

정기적으로 보고하라

회복탄력성이 강한 기업에게 정기적인 재정평가가 중요하듯 개인의 회복탄력성 양성에도 긍정성 통화 데이터의 정기적 평가가 필요하다. 이런 평가를 통해 통찰력을 얻고 시정조치를 취할 수 있을 뿐만 아니라, 자신의 긍정적 상호작용과 감사의 표현을 자주 노출시킴으로써 회복탄력성이 높아지는 유익이 있다. 2014년 페이스북이 데이터 과학자들을 동원해 시행한 한 유명한 실험 결과를 담은 전미과학아카데미 공식 문건에는 당신의 뉴스 피드 news feed가 긍정으로 기울면 당신도 긍정적으로 선회하게 될 것임을 시사하는 내용이 있다.[4]

당신이 긍정성 통화 데이터를 월스트리트 금융시장 분석가처럼 분석하지 못한다 해도, 그저 자신의 긍정적인 모습을 정기적으로 노출시키는 것만으로도 회복탄력성 강화에 도움이 된다. 그러니 정기적으로 시간을 내서 당신의 긍정성 통화를 자축하며 성찰하는 것은 어떨까(내게는 모닝커피가 나오길 기다리는 시간이 바로 그때다). 그것이 습관화되면 당신의 회복탄력성 수준은 물론 당신의 친구, 가족, 동료들의 회복탄력성 수준도 올라갈 것이다.

4
비평에서
발견하는
회복탄력성의 진리

비판적인 피드백을 성장을 위한
채찍으로 삼으라

by 실위 힌, 더글러스 스톤

실라 힌 Sheila Heen, 더글러스 스톤 Douglas Stone
트라이애드 컨설팅 그룹의 공동창업자다. 또한 하버드 로스쿨 교수이자 협
상 전문가로서『하버드 피드백의 기술 Thanks for the Feedback』을 공동으로 펴냈
다. 이 글은 그 책을 바탕으로 재작성되었다.

피드백은 업무 개선, 재능 개발, 기대치 조정, 문제 해결, 승진과 급여, 수익 향상에 결정적이다. 이는 명백한 사실이다.

하지만 상당수 조직에서 피드백이 먹혀들지 않는 것 역시 명백한 사실이다. 통계자료에 의하면, 관리자들 가운데 평가를 꼼꼼하게 함과 동시에 제시간에 마치는 사람은 36%에 불과하다. 최근 한 조사에 의하면 최근의 업무평가가 부당하고 부정확했다고 답한 직원이 55%에 달했다. 아울러 직원 4명 중 1명은 직장생활에서 가장 두려운 게 업무평가라고 답했다. 업무관리의 최대 난점이 뭐냐는 질문에 인사총괄자의 63%가 까다로운 피드백 회의를 주재할 관리자급 직원들의 능력과 의지 부재를 들었다. 코칭과 멘토링은? 평균 점수를 줄까 말까다.

대부분의 기업에서는 이런 문제에 대한 해결책으로 피드백을 좀 더 효과적이고 자주 해줄 수 있도록 관리자들을 훈련시킨다. 그것까지는 좋다. 관리자의 소통 능력이 향상되면 모두에게 유익하니까. 하지만 피드백을 아무리 요령 있게 잘 해준다 해도 받는 사람이 그 내용을 제대로 소화하지 못하면 소기의 목적을 달성하기 어렵다. 피드백을 받아들이느냐 흘려버리느냐를 결정하는 쪽은 피드백을 받는 사람이다. 듣고 이해하는 것도 그들이고, 바꿀 것인지 말 것인지를 결정하는 것도 그들이다. 이제는 단순히 피드백을 상대방이 나를 밀어붙이는 것으로 생각하지 말고 피드백을 끌어당길 수 있는 능력을 향상시켜야 할 때가 왔다.

지난 20년간 우리가 껄끄러운 대화를 풀어나가도록 중역들을 코칭하면서 발견한 사실은 너나 할 것 없이 모두가 피드백을 받는 데 연연해한다는 것이다. 비판적인 업무평가, 선의에서 비롯된 제안, 피드백 같기도 하고 아닌 것도 같은 불분명한 논평("글쎄요, 프레젠테이션하신 내용이 분명 흥미롭긴 합니다")은 감정적 반응을 야기할 수 있으며 관계에 긴장을 불러오고 대화를 중단시킨다. 하지만 희소식도 있다. 피드백을 잘 받는 기술은 분명히 있다. 그리고 그것은 학습 가능하다. 여기에는 피드백으로 말미암아 촉발되는 감정을 파악하고 다스리는 기술은 물론, 심지어 전달 방식에 문제가 있는 비평에서조차 가치를 뽑아낼 수 있는 기술까지 포함된다.

피드백을 수용하기 힘든 이유

대체 무엇이 피드백 받는 것을 그토록 고역으로 만드는 걸까? 인간에게는 두 가지 핵심적인 욕구가 있다. 하나는 배우고 싶은 욕구이고, 다른 하나는 있는 모습 그대로 받아들여지길 바라는 욕구다. 이 두 가지 욕구가 서로 팽팽하게 줄다리기를 한다. 피드백을 받는 과정은 아슬아슬한 긴장상태를 사정없이 공격한다. 그 결과 호의적인 것처럼 보이는 제안에도 화가 나고, 불안하고, 부당하다는 생각 내지는 심각한 위협을 느끼게 된다. 이런 공격에는 '절대 이것을 개인적으로 받아들이지 말라'는 최후의 보루마저 무용지물이다.

피드백을 잘 받는 첫걸음은 자신의 감정을 이해하고 다스리는 것이다. 당신을 열받게 만드는 방아쇠가 수천 가지 있다고 생각하겠지만 사실 세 가지밖에 없다.

1. 진실의 방아쇠

피드백의 내용에 문제가 있을 때 발사된다. 내가 보기에 평가가 완전히 잘못되었거나, 도움이 안 되거나, 한마디로 거짓일 때, 억울하고 부당하다는 느낌과 분노의 감정을 느낀다.

2. 관계의 방아쇠

피드백을 주는 사람에게 걸려 넘어질 때 발사된다. 당

신이 피드백을 주는 사람에 대해 어떤 생각을 갖고 있느냐에 따라 그 사람과의 의견교환에 영향을 받는 경우가 많다('이 주제에 관해 저 사람이 하는 말은 신빙성이 없어!'). 아울러 상호작용에 대한 이전의 느낌에 좌우되기도 한다('그간 내가 너한테 어떻게 했는데, 내가 이런 시시콜콜한 잔소리를 들어야겠어?'). 이렇게 해서 당신은 아마 다른 사람이 했더라면 달게 받아들였을 코칭을 거부하게 된다.

3. 정체성의 방아쇠

이것은 오로지 피드백을 받는 자기 자신과의 관계로 말미암아 발사된다. 피드백이 옳든 그르든, 현명하든 어리석든 그것과는 무관하게 만약 당신의 정체감에 상처를 입힌다면 그것은 치명적인 결과를 초래한다. 그런 순간 당신은 좌절감을 느끼거나 방어적이 되고 혼란에 빠져 고심하게 된다.

이 모두가 자연스럽고 당연하며 어쩔 수 없는 반응들이다. 겉으로 아무렇지 않은 척한다고 해결될 문제가 아니다. 현재 상황을 인식하고 당신을 자극하는 방아쇠를 한 개 혹은 그 이상 당기는 그런 피드백으로부터도 유익을 끌어낼 수 있는 법을 배우는 것이 진정한 해결책이다.

피드백을 잘 받는 사람이 되기 위한 6단계

피드백을 잘 받는다는 것은 분류하고 여과하는 과정을 거친다는 뜻이다. 다른 사람의 관점을 이해하고, 나와 맞지 않는다고 생각했던 의견도 한번 시도해보고, 다른 작업 방식들도 실험해봐야 한다. 전혀 잘못되었거나 도움이 되지 않는 비평은 즉시 버리든지 보류시킬 줄도 알아야 한다. 하지만 이미 방아쇠가 당겨져 반응이 일어난 내면 상태로는 이것이 거의 불가능하다. 그 방아쇠는 배움이 일어날 수 있는 부드러운 대화로 안내하는 대신 거부하거나, 맞장을 뜨거나, 포기할 태세를 갖추게 만든다.

다음에 소개할 6단계는 소중한 피드백을 휴지통에 던

져버린다든지, 반대로 차라리 버리는 편이 나은 비평을 수용하거나 따르는 (전자 못지않게 해로운) 잘못을 범하지 않게 해줄 것이다. 아래 제시된 6가지 조언은 피드백을 받는 사람을 위한 것이다. 하지만 피드백 제공자 입장에서도 피드백 받는 것의 어려움을 이해하는 것이 보다 효과적인 피드백 전달에 도움이 될 것이다.

1. 자신의 성향을 파악하라

우리는 평생 피드백을 받으며 살아가기에 각자 피드백에 반응하는 방식이 있게 마련이다. 당신은 어떠한가? 사실에 대해 스스로를 방어하는가?("이건 명백한 잘못입니다") 전달 방식에 이의를 제기하는가?("이런 걸 메일로 처리하시면 어떻게 합니까?") 맞받아 쏘아붙이는가?('네가? 다른 사람도 아니고?') 겉으론 미소짓지만 속으론 이를 가는가? 눈물부터 나거나 의분으로 가득 차는가? 시간이 지나면 생각이 바뀌는가? 피드백을 받을 땐 거부해놓고 물러서서 시간을 두고 생각해보는가? 아니면 피드백 즉시 모든 것을 수용부터 해놓고 차후에 타당성 여부를 따지는가?

머리로는 인정하면서도 행동을 바꾸기가 어려운가?

마케팅 이사인 마이클은 상사가 무심결에 자신을 가리켜 전문성이 결여된 사람이라고 농담하는 말을 듣게 되었다. 순간 그는 망치로 얻어맞은 듯했다. 그는 이렇게 털어놓았다.

"수치심이 물밀듯 밀려왔습니다. 나의 모든 실패가 머릿속에 떠올랐습니다. 마치 구글 검색창에 '나의 잘못된 점들'이라고 치는 순간 120만 건의 문건이 올라오는 것 같았습니다. 저의 아버지와 전처가 후원하는 광고까지 함께요. 이런 상태에서 피드백을 '실제대로' 보는 게 너무 힘들었습니다."

하지만 지금 마이클은 자신의 반응이 지극히 정상적인 것임을 이해하고, 거기서 어디로 나아갈 것인지 보다 나은 선택을 할 수 있다.

"지금은 그건 과장된 생각이라며 스스로를 안심시킬 수 있어요. 그리고 대개 한숨 자고 나면 한결 나아져서 거기서 내가 배울 게 있는지 따져보게 됩니다."

2. '내용'과 '제공자'를 분리해서 생각하라

만약 피드백이 제대로 포인트를 맞췄고 현명한 조언이라면 피드백 제공자가 누군들 무슨 상관이겠는가. 그런데 그게 그렇지가 않다. 관계의 방아쇠가 작동되면, 논평의 내용에 피드백 제공자(혹은 그가 언제 어디서 어떻게 그 논평을 했는지 당시 상황)에 관한 당신의 감정이 합선이 되면서 배움이 홀랑 타버린다. 그런 현상을 미연에 방지하기 위해서는 반드시 메시지를 메신저와 분리시키는 작업을 한 후 두 가지를 함께 고려해야 한다.

재닛은 화학자로서, 한 제약회사 팀장을 맡고 있다. 그녀의 다면평가는 동료와 상사들로부터 휘황찬란한 피드백을 받았다. 그런데 직속 부하들이 부정적인 피드백을 내는 것을 본 그녀는 아연실색했다. 그녀는 그들에게 문제가 있는 것으로 즉각 결론지었다. 그리고 이렇게 생각했다.

'내가 너무 높은 수준을 요구하다 보니 감당하기 어려운 사람들도 있겠지. 압력을 가하는 상사에게 익숙지 않아서 그래.'

이리하여 그녀는 자신의 관리 스타일에서 부하들의 경쟁력으로 주제를 돌렸고, 자신이 어떻게 하면 다른 사람들에게 감화를 끼칠 수 있는지에 대한 중요한 사실을 배울 기회를 놓치고 말았다.

결국 자신의 문제가 뭔지 깨닫게 된 재닛은 이렇게 말했다.

"나는 부하 직원들 업무능력의 문제건 내 리더십의 문제건, 그것들은 상호 배타적인 사안이 아니며, 힘들겠지만 동시에 풀어나가야 할 일들임을 깨닫게 되었습니다."

그녀는 그 사안에 대해 내용과 제공자를 분리시킬 수 있었고, 자신의 팀원들과 두 가지 사안 모두를 놓고 대화할 수 있었다. 현명하게도 그녀는 부하 직원들이 자신에게 했던 피드백을 끌고 와 다음과 같은 질문으로 대화의 문을 열었다.

"내 업무 방식이 일을 힘들게 만든다고 했는데, 어떤 점이 그렇습니까? 그렇다면 내가 무엇을 하면 그런 상황을 호전시킬 수 있겠습니까?"

3. 코칭을 가려내라

피드백의 방법에는 평가가 있고("당신의 순위는 4위입니다"), 코칭이 있다("이렇게 하면 더 좋은 결과를 낼 수 있습니다"). 둘 다 필요하다. 평가는 내 위치를 가늠하게 해주며, 내가 어디까지 기대할 수 있는지, 다른 사람들이 내게 거는 기대치는 어느 수준인지 알 수 있다. 코칭은 배울 수 있고, 개선할 수 있으며, 더 고강도의 업무를 수행하도록 도와준다.

이 둘을 구분하는 것은 항상 쉽지 않다. 제임스는 어느 날 회사 임원으로부터 전화를 받았다. 그 임원은 다음 사분기 최고재무관리자 프레젠테이션 때 첫머리에 해외사업 예상 대신 분석가들의 예측을 넣으면 어떻겠냐고 제안했다. 이 제안은 과연 도움을 주려는 선의의 제안인가, 아니면 제임스의 평소 접근 방식에 대한 은근한 비난인가? 사람들은 의심이 들면 최악을 상정하고 선의의 코칭을 평가의 쓰레기통에 집어던지는 경향이 있다. 판단을 받는다는 느낌은 정체성의 방아쇠를 당기며, 그 결과 불안해진 나머지 배움의 기회를 날려버린다. 그러니 최대한 코칭을 가려내라. 피드백을 과거 업무 방식에 대한 비난으로 듣는 대신 잠재적 가치를 지닌 조언으로 들으려고 노력하라. 제임스는 그렇게 접근하자 이런 변화가 생겼다고 말했다.

"그러고 나니 그 제안에 대한 감정적 부담이 좀 덜어지더군요. 나는 그 이사의 말을, 내가 어떻게 접근하면 그분이 사분기 정보를 보다 쉽게 소화할 수 있을지에 대해 암시를 주신 것으로 아주 단순하게 받아들이기로 결정했습니다."

4. 피드백을 분석하라

피드백이 타당성 있고 유용한지 처음부터 분명히 알 수는 없다. 그러므로 피드백을 좀 더 잘 이해하기 위해, 그것을 받아들이거나 거부하기 전에 분석해볼 필요가 있다.

이런 예를 한번 가정해보자. 판매직에 종사하는 카라는 능숙한 동료사원 요한으로부터 그녀가 '보다 적극적일' 필요가 있다는 이야기를 들었다. 그녀의 반응은 그의 조언을 거부하든지("난 이미 충분히 적극적이라고 생각해") 아니면 순순히 따르든지("나는 정말 분발해야 돼"), 두 가지 중 하나일 것이다. 하지만 그녀가 무엇을 할 것인지 결정하기 전에 그의 의도가 무엇인지부터 이해하는 게 순서다. 그의 의도는 그녀가 좀 더 말을 많이 해야 한다는 걸까, 아니면 더 확신에 찬 목소리로 얘기하라는 걸까? 지금보다 더 많이 웃어야 되나, 아니면 웃음을 줄여야 하나? 자신감을 가지라는 말인가? 그녀가 뭘 모른다는 사실을 인정하는 당당함을 말하는 건가, 아니면 모르면서 아는 척하는 뻔뻔함을 말하나?

'보다 적극적일 필요가 있다'는 단순한 조언만 놓고 보더라도, 그 배경에는 요한이 지금껏 카라의 태도를 죽 지켜보며 관찰하고 판단한 것들이 복잡하게 얽혀 있다. 카라는 일반적인 제안을 들었을 때 그런 조언이 나오게 된 계기를 구체적으로 파헤쳐야 한다. 그녀가 무엇을 할 때나 하지 않을 때, 요한은 그런 그녀에게서 무엇을 보았는가? 그는 무엇을 기대했으며, 무엇이 그를 걱정하게 만들었는가? 즉, 그 피드백이 나온 배경이 무엇인가?

카라는 피드백이 어디를 지향하는지, 다시 말해 요한이

그녀에게 시정하길 바라는 게 뭔지, 그리고 왜 그런 생각을 하게 되었는지 정확히 알아야 한다. 확인을 위한 질의응답이 오가고 나면, 그녀는 자신이 매장에서 다른 직원에 비해 적극적이지 못했음은 인정하되 자신이 변화되어야 한다는 의견에는 동조하지 못할지도 모른다. 만약 카라가 판매계의 영웅으로 추앙하는 인물이 전부 조용하고 겸손하며 고객의 필요가 무엇인지 깊이 고민하는 사람이라면, 좋은 판매원의 요건에 대한 그녀의 시각은 요한의 〈글렌개리 글렌 로스Glengarry Glen Ross〉식 이상과는 매우 다를 것이다.

당신이 성급한 판단을 보류하고 잠시 시간을 내어 그 피드백이 나오게 된 배경과 그 지향점을 살펴본다면, 각자가 무엇을 최선의 관행으로 여기고 있는지를 나누는 풍성하고 유익한 대화를 시작할 수 있다.

5. 딱 하나만 요청하라

만약 당신 스스로 요청했고 또 목표로 했던 피드백이라면 당신의 감정 방아쇠가 당겨질 확률은 낮아진다. 그러므로 연말 업무평가 때까지 기다릴 이유가 무엇인가. 연중 기회 있을 때마다 다양한 사람들로부터 간단한 코칭을 받으라. 그렇다고 "혹시 저에게 피드백하실 거 없으세요?"처럼 광범위하고 두루뭉술한 질문으로 비평을 자초하지는 마라. 피드백 과정을 좀 더 감당할 만한 것으로 만들기 위해 동료나 상사 혹은 부하 직원들에게 이렇게 질문하라.

"내가 하고 있는(혹은 하고 있지 않은) 일 중 나의 발전을 저해한다고 생각되는 것이 있다면 한 가지만 말씀해주시겠습니까?"

그러면 질문받은 사람은 언뜻 떠오르는 행동이나 자신의 리스트에서 가장 중요하게 생각하는 것 하나를 말해줄 것이다. 어느 쪽이든 당신은 구체적인 정보를 확보한 것이며, 이제 자신의 분량에 맞게 조정해가면서 보다 세부적인 사항 파악에 나설 수 있게 되었다.

금융서비스사의 펀드매니저로 일하는 로베르토는 자신의 다면평가 과정이 너무 부담스럽고 혼란스럽다는 사실을 발견했다. 그의 말이다.

"차트와 그래프들로 빼곡한 18쪽짜리 보고서를 던져 놓고는 피드백을 명확히 해가며 사후 토론을 이끌 능력은 없고, 정말이지 한계를 느낍니다."

그는 이렇게 말하면서, 그러고 나면 동료들 간에 어색한 기류를 느낀다고 덧붙였다.

지금 로베르토는 매 분기마다 두세 사람에게 자신이 신경 써야 할 한 가지를 묻는다.

"매번 사람들이 똑같은 말을 하는 건 아니지만 계속 듣다 보면 나의 성장 경쟁력이 어디에 있는지 감이 오더군요. 그리고 이제 저는 상사나 팀원들, 심지어 관계가 껄끄러웠던 동료들과도 많은 대화를 나누고 있습니다. 그들은 기꺼이 제가 바뀌야 할 한 가지를 말해주는데, 대부분 옳은 이야기들이에요."

연구에 의하면 비평적 피드백을 공공연하게 요청하는 (다시 말해 찬사에만 연연해하지 않는) 사람은 업무평가에서 높은 점수를 받는 경향이 있다고 한다. 왜일까? 그 주된 이유는 생각건대, 코칭을 요구하는 사람은 주변 사람들의 조언을 새겨듣고 진심으로 개선하려는 성향이 있기 때문이다. 하지만 다른 이유도 있다. 피드백을 요구할 때 다른 사람이 당신을 어떻게 생각하는지 발견하기도 하지만, 동시에 그런 당신의 모습이 당신을 향한 다른 사람들의 시각에 영향을 미치기 때문이다. 건설적인 비평을 정중히 요청하는 행위는 겸손과 존경, 탁월성에 대한 열정, 그리고 자신감 등 모든 것을 단방에 알려준다.

6. 간단한 실험을 해보라

피드백을 정중히 요청하고 이해하는 작업을 마친 후에도 여전히 난제로 남는 것이 있으니, 바로 유익한 조언과 그렇지 못한 조언을 분별하는 일이다. 이를 알아내기 위해 간단한 실험을 구상할 것을 제안한다. 한낱 제안이 얼마나 도움이 될까 싶겠지만, 가능손실액은 적고 성장잠재력은 크다면 시도해볼 만하다. 앞서 소개한 최고재무관리자 제임스를 기억할 것이다. 그는 차기 프레젠테이션에 대한 임원의 조언을 받아들이기로 결정했고 어떤 결과가 나올지 지켜보기로 했다. 프레젠테이션 당일, 평소와 다른 시작을 반기는 임원들이 있었는가 하면, 일부는 이에 대해 의견이 분분했다. 그날 제임스는 자신의 프레젠테이션을 임원진의 최근 관심사 중 최상위 과제에 부합되도록 역설계했다. 그는 한 주 전에 임원진에게 메일을 보내 긴급한 당면과제가 무엇인지 사전 조사를 했고, 이에 덧붙여 자신의 이야기와 답변을 당면과제들 앞부분에 배치하는 게 좋을지 아니면 첫머리에서 차후에 다시 설명하겠다는 언질만 주고 넘어가는 게 좋을지도 같이 물었다. 그의 말이다.

"준비 과정에서 평소보다 힘이 들긴 했지만 실제 프레젠테이션은 훨씬 수월했습니다. 돌발질문들을 재치 있게 받아내는 것이 프레젠테이션의 최대 난제인데, 그 부분에서 허비하는 시간이 줄어들었습니다."

이는 따라해볼 만한 가치가 있는 사례다. 누군가로부터 조언을 받는다면 한번 시험해보라. 만약 효과가 있으면 다행이고, 아니면 접근법을 살짝 달리하거나 실험 중단을 결정할 수도 있다. 비평을 수용한다는 것은 절대 쉬운 일이 아니다. 내가 발전하려면 그렇게 해야 한다는 것을 잘 알고 있고, 또 상대방이 나의 성공을 바라는 마음으로 그렇게 했다는 것을 믿는다 해도 심리적인 방아쇠가 당겨지게 마련이다. 그래서 잘못 평가받았다는 느낌, 부당한 처사라는 느낌, 때론 정체성의 위협마저 느낄 수도 있다.

비평에 대해 감정적으로 반응할 수밖에 없지만 그런 가운데서도 당신의 성장 여부는 비평으로부터 가치를 끌어낼 수 있는 능력과 아울러 기꺼이 상사, 동료, 부하 직원들로부터 조언과 코칭을 구하려는 자세에 달려 있다. 그들의 피드백 기술이 능숙할 수도 형편없을 수도 있지만, 당신의 발전에 가장 중요한 요소는 바로 당신 자신이다. 만약 어떤 피드백을 받더라도 그로부터 배우려는 확고한 의지만 있다면 어느 누구도 당신을 막을 수 없다.

5
재앙을 딛고 화려하게 재기한 지도자들의 비밀

일을 하면서 겪는 크나큰 시련을
어떻게 관리할 것인가

by 제프리 A. 소넌펠드, 앤드루 J. 워드

제프리 A. 소넌펠드 Jeffrey A. Sonnenfeld
코네티컷 주 뉴헤이븐에 위치한 예일대학교 최고경영자 리더십 연구소 소장
이자 예일대학교 경영대학원 최고경영자 과정 부학장으로 예일대학교 경영
대학원 경영관행 레스터 크라운 재단 석좌교수를 역임했다.

앤드루 J. 워드 Andrew J. Ward
조지아 주 애틀랜타 조지아대학교의 경영학 조교수로 재직 중이다.

지도자들의 경력에는 여러 가지 시험이 수반되지만 그중
에서도 엄청난 실패를 딛고 다시 일어서는 일만큼 힘든
일이 또 있을까 싶다. 그것은 천재지변으로 인한 것일 수
도 있고 질병, 불법행위, 사소한 실수, 혹은 무고한 사람
을 모함해 자리에서 몰아낸 것일 수도 있다. 하지만 진정
한 지도자는 이런 실패에 굴하지 않는다. 오히려 실패는
그들의 열정을 활활 타오르게 만들어 한층 강인한 투지
와 정신력으로 무장하고 다시 경쟁에 뛰어들도록 만들 뿐
이다.

제이미 다이먼의 경우 한때 시티그룹 사장 자리에서 쫓겨났지만, 현재 그는 JP모건체이스의 CEO로 있다. 뱅가드그룹 창립자인 잭 보글은 어떤가. 그는 웰링턴 매니지먼트 사장직에서 해임당했지만 심기일전해 인덱스펀드를 창시했을 뿐 아니라 기업지배구조 개혁 분야의 영향력 있는 지도자가 되었다. 전 코카콜라 사장 스티브 하이어도 이와 유사한 예다. 그는 어이없게도 코카콜라 CEO 후보에서 외면당했지만 이내 스타우드호텔 사장으로 지명되었다. 아마 가장 화려한 성공담의 주인공은 도널드 트럼프일 것이다. 그는 카지노 사업에서 두 차례의 재정적 위기를 극복하고, 현재 거대 부동산 재벌이자 제작자, 리얼리티쇼 스타에 이어 미국 대통령에 출마해 승리했다.

사실 이런 성공담들은 통상적이라기보다 예외적인 일이다. 미국인들에게 인생 이막은 없다는 F. 스콧 피츠제럴드의 명언은 특히나 기업 지도자들의 앞날에 암울한 그림자를 드리운다. 1988년부터 1992년 사이에 있었던 450여 건의 대기업, 특히 주식 공개 기업의 CEO 승계를 분석한 연구에 따르면, 퇴출된 CEO의 35%만이 퇴임 후 2년

내 경영 일선에 복귀했으며, 22%는 일선에서 물러나 고문을 맡거나 자그마한 조직의 카운슬러 내지는 임원으로 눌러앉았다. 하지만 43%에 달하는 사람들은 사실상 경영인으로서의 경력을 마감하고 퇴임했다.

무엇이 직위 해제된 지도자들의 복귀를 가로막는가? 회복에 실패하는 지도자들은 대체로 자신을 비난하는 성향을 지니며 종종 미래지향적이기보다는 과거에 머물고픈 충동에 빠진다. 그들은 은연중에 사업 실패를 자기 탓으로 돌리며, 스스로 짠 심리적 거미줄에 갇혀 이제 더 이상 자기 것이 아닌 직위를 뛰어넘을 엄두를 내지 못한다. 이런 연쇄반응은 대실패를 둘러싼 혼란을 이해하려고 노력하는 과정에서 비난을 내려놓게 하려는 동료나 가족 혹은 친구들의 선한 의도에 의해 강화되는 경우가 많다. 안타깝지만 그들의 조언은 득보다 해가 될 때가 더 많다.

인생의 역경을 뛰어넘는 능력은 모든 문화권에서 위대한 지도자의 핵심 특징으로 통한다. 인류학자 조지프 캠벨은 1949년 자신의 명저 『천의 얼굴을 가진 영웅』에서 문화와 시대를 통틀어 전 세계 위대한 지도자들의 다양한 이야기들은 하나같이 본질상 '영웅 신화'라는 공통점을 지니고 있음을 보여주었다. 이 같은 신화는 모세나 예수, 마호메트, 석가, 아이네이아스, 오디세우스, 아즈텍의 테스카틀리포카 같은 동서고금의 전형적인 영웅들의 생애로 구현되었다. 변혁적 리더transformational leader는 위대함과 초창기 성공(지난한 선택을 포함하는), 시련의 연속, 치명적인 실패와 더불어 궁극적으로 사회로 재편입하는 승리라는 이정표들을 따라 걷는다. 만약 캠벨이 오늘날 그 책을 썼더라면 경영지도자들을 자신의 연구에 포함시켰을지도 모른다. 왜냐하면 그들 역시 위대함에 이르는 길에서 동일한 시련에 직면했기 때문이다.

이 글은 리더들(혹은 뜻밖의 실패로 고통받는 모두에게 다 해당된다)이 순식간에 추락의 길로 접어든 자신을 점검해보고 회복에 이름은 물론 과거보다 더 크게 성공할 수 있는 절차를 제공하는 데 그 목적을 두었다. 연구자들은 무려 22년간 해고된 CEO 및 성공가도에서 이탈한 전문직업인 300인을 대상으로 실시한 인터뷰와 리더십 관련 학술연구, 그리고 직접 컨설팅한 사례들과 연구자들 각자가 겪었던 혹독한 체험들을 통해 리더는 반드시 위기를 넘어 승리할 수 있다는 확신을 가지게 되었다. 단, 그렇게 되기 위해 리더들이 의식적인 조치를 취한다는 전제하에 그러하다. 그 첫걸음으로 그들은 반드시 신중을 기해 **어떻게 응전할 것인가**를 결정해야 한다. 일단 이 같은 중대한 결정이 내려지면 자신의 **응전을 도와줄 사람들을 끌어모아야** 한다. 그런 다음에는 반드시 **영웅적 위상을 회복할 수 있는 조처**를 취해야 하며, 그 과정에서 자신과 다른 사람들에게 자신은 **영웅적 사명을 재발견해낼 수 있는 패기**가 있다는 사실을 입증해야 한다.

이런 여정의 본보기가 될 만한 사례로 지미 카터 전 대통령만 한 인물도 없다. 그는 1980년 대선에서 로널드 레이건에게 밀려 연임에 실패한 후 정서적으로 몹시 지친 상태였다. 얼마 후 그는 이렇게 털어놓았다.

"나는 완전히 지쳐서 조지아 주 플레인스로 돌아가 온종일 거의 잠만 잤습니다. 그러고 나서 일어나니 날 기다리는 건 낯설고 원치 않는 공허한 인생뿐이었습니다."

물론 재임기간 중 에너지 정책의 성공, 전 세계 인권 향상을 위한 노력, 캠프 데이비드 협정을 통한 이스라엘과 이집트 간 평화 중재 등 자신의 업적에 대한 자부심은 있었지만, 재선에 실패한 후부터는 좌절감과 거부당한 아픔, 특히 이란 인질 억류사태를 시의적절하게 해결하지 못한 실패를 딛고 전진해야 했다.

카터는 아픔과 수치심으로 괴로웠지만 분노와 자기 자비에 갇혀 지내지 않았다. 그는 세계적 명사였고, 그것을 배경 삼아 세계적인 사건에서 영향력을 미칠 수 있는 역할을 회복하는 응전을 수행할 수 있었다. 이런 사실을 깨달은 카터는 자신의 싸움을 도와줄 사람들을 모집하기 시작했다. 그는 열정적인 지원을 아끼지 않는 아내 로잘린을 위시해 자신의 행정부에서 일했던 몇몇 인사들, 과학계와 사회과학 분야의 연구자들, 세계의 지도자들, 그리고 재정 후원자들을 모아 카터재단을 설립했다. 그는 회복에 이르는 응전의 기회를 박탈당하는 것을 거부함으로써 자신의 패기를 입증해 보였다. 실제로 그는 에티오피아, 에리트레아, 라이베리아, 아이티, 보스니아, 베네수엘라의 국제적 분쟁 중재에 계속해서 관여했으며 그 과정에서 자신이 한물간 사람이 아니라는 사실을 행동으로 보여주었다. 그는 '수십 년간 국제적 분쟁의 평화적 해법 모색, 민주주의와 인권 신장, 경제적 사회적 발전의 촉진을 위해 지칠 줄 모르는 노력을 경주한' 공로로 2002년 노벨평화상을 수상함으로써 자신의 영웅적 위상을 되찾았다. 아울러 그는 카터재단을 자신의 영웅적 사명을 재발견하는 도구로 활용해 인권을 향상시키고 불필요한 고통을 경감시키려는 투지를 이어나갔다.

이제 위대한 경영지도자들이 어떻게 엄청난 사업 실패를 딛고 다시 일어설 수 있었는지 그 발자취를 살펴보도록 하자.

어떻게 응전할 것인지를 결정하라

자신의 일에서 큰 실패를 마주했을 때 맨 먼저 해야 할 일은 자신을 무너뜨린 그 상황과 맞서 싸울 것인지, 아니면 최대한 빨리 잊어버릴 것인지를 결정하는 일이다. 맞서 싸우려면 고생하고 돈 들고 창피할 것을 감수해야 한다. 그게 자신 없다면 제발 얼른 사람들의 시선과 뇌리에서 사라져주기만을 바라야겠지만 말이다. 경우에 따라서는 즉각적인 정면대결은 피하는 것이 상책일 수도 있다. 그 좋은 예로 홈데포Home Depot의 공동창립자 버니 마커스는 샌디 시골로프에 대한 끝 모를 소송전에서 물러서기로 결정했다. 재벌기업 회장이던 시골로프는 핸디댄 홈임프루브먼트에서 일하던 마커스를 해고시켰다. 마커스는 자칫 법정으로 둔갑할 뻔했던 전장에서 시장을 창출하기로 했다. 이런 전략 덕분에 그는 홈데포 설립이라는 역사적 행보를 마음껏 시작할 수 있었다. 현재 매출 규모 1,000억 달러에 수십만 명의 직원을 거느린 홈데포는 그의 후계자가 경영을 맡고 있다.

또 다른 컴백 스타 역시 우아한 후퇴로 시작했다. 제이미 다이먼은 시티그룹 사장직에서 해고당했다. 그것도 창업 당시부터 16년지기 파트너였던 샌디 웨일 회장으로부터 말이다. 그는 이런 사실을 우리나 다른 사람들에게 이야기하면서도 실망감이나 억울한 감정에 연연해하지 않았다. 모니카 랭글리의 2003년 저서 『장벽을 넘어뜨리며 Tearing Down the Walls』에는 웨일이 다이먼에게 사임을 요구한 당시 상황이 자세히 나와 있다. 다이먼은 충격을 받았지만 이렇게 답했다. "분명 당신이 충분히 생각하고 내린 결정일 것입니다. 그러니 저로서는 어쩔 도리가 없습니다." 이미 준비된 기자회견 자료를 훑으며 다이먼은 이사회가 웨일이 내놓은 해임안에 동조했다는 사실을 알았다. 시티그룹에서 다이먼에게 두둑한, 무제한의 퇴직금도 주겠다는데 웨일과 싸울 이유가 없었다. 공백기 동안 다이먼은 위대한 지도자들의 참으로 고통스러웠던 삶의 일대기를 탐독했다. 그뿐만 아니라 권투도 다시 시작했다. 아마 고통과 스트레스를 해소하려고 그랬을 것이다. 일 년가량 이렇게 지낸 후 다이먼은 마무리가 중요하다는 생각에서 웨일에게 감사의 의미로 식사 제의를 했고, 두 사람은 포시즌즈에서 만나 점심을 함께했다. 다이먼은 하비 맥케이의 2004년 저서 『해고당한 지도자들We Got Fired!』에서 이때를 다음과 같이 회고했다. "나는 그 무렵엔 마음이 다 풀어졌어요. 샌디가 나에게 전화할 리는 없고…. 이

제는 그간 그가 베풀어준 호의에 감사할 수 있겠다고 확신했습니다. 그리고 이쯤에서 둘이서 그간의 자초지종에 대해 대화를 나누어야 한다고 생각했지요. 나는 불미스러웠던 일들은 잊고 새 출발하고 싶었습니다. 한편으로는 '16년을 함께 일했는데'라는 마음도 들었습니다. 12년에서 13년은 상당히 괜찮았습니다. 단지 서로의 일면만 보고 다른 면은 못 본 것뿐입니다. 내 스스로 실수를 자초했어요. 내 잘못도 있다고 인정했습니다. 내 잘못이 40%인지 60%인지 따지는 것은 하나도 중요치 않았습니다. 나는 그때 그와 만나길 아주 잘했다고 생각합니다." 다이먼은 축출의 아픔에서 헤어나 그 자리를 마련함으로써 유익한 관점과 뿌듯한 해결을 동시에 얻을 수 있었다. (다음 글 '분노와 거부 극복하기' 참고.)

2000년 3월 샌디와 오찬을 가진 지 6개월 후 다이먼은 뱅크원의 CEO로 취임했다. 뱅크원Bank One은 모기업 뱅크원Banc One이 퍼스트시카고와의 합병을 통해 살아남은 시카고의 거대은행이다. 2000년 다이먼 취임 당시 뱅크원은 그해 적자만 5억 1,100만 달러에 달했다. 하지만, 다

||||||||||||||||||||||||||||||||||||||||||||||||||||||||||||||||||||||||||||||||||||||||||||||||||||||||||||||||||||||||||||

회복으로 가는 가장 중요한 단계는 실패를 대면하고 인정하는 것이다. 이는 상대의 마키아벨리적 정치술을 눈감아주는 것만큼 간단하다. 새로운 일을 하려는 출발선상에 섰다면 다음을 명심하라.

• **명심하라. 실패는 시작이며, 끝이 아니다.** 재기의 문은 항상 열려 있다.

• **미래를 내다보라.** 사후 수습보다 선제적 대응이 더 효과적일 때가 많다. 그저 물러서서 다음 단계를 구상하는 것 역시 훌륭한 선제적 대응방식이다.

• **사람들이 당신의 실패를 해결할 수 있도록 도우라.** 심지어 가까운 친구들조차 당신을 피하는 이유는

그들이 무엇을 말하고 어떻게 해줘야 할지 모르기 때문이다. 어떤 지원이라도 받을 용의가 있다는 사실과 가장 절실한 지원이 무엇인지를 주변 사람들에게 알려라.

• **당신의 스토리를 알라.** 평판을 형성하려면 그간의 사건들과 몰락을 설명할 수 있는 당신의 스토리를 만들고 개작하기도 해야 한다.

이먼이 뱅크원을 맡은 지 3년 만에 뱅크원은 35억 달러의 수익을 거두었으며 주가가 85% 급상승했다. 다이먼의 통쾌한 한 방이었다. 그 통쾌함은 이듬해 JP모건체이스의 뱅크원 인수합병으로 더욱 배가되었다. JP모건체이스는 샌디가 시티그룹과의 합병을 성사시키기 위해 오랜 시간 공들여온 바로 그 기업이다. 다이먼은 새롭게 탄생한 회사의 CEO로 등극했으며, 현재 그는 세계적으로 가장 영향력 있는 금융경영인의 한 명으로 널리 알려져 있다.

사이드라인에 앉아 언젠가 정의가 승리하겠지 생각만 한다고 능사는 아니다. 타임워너의 존경받는 사장이었던 닉 니콜라스는 노련한 라이벌 제럴드 레빈의 술수로 CEO 자리에서 물러났다. 닉은 자신이 오랫동안 일궈온 회사를 빼앗기고도 되찾으려는 시도를 하지 않았다. 이후 그는 베일Vail로 가서 스키로 소일하며 누군가 자신을 불러주길 기다렸고, 오래지 않아 벤처기업 투자자, 교수, 이사로서 큰 성공을 거두었다. 하지만 예전처럼 위대한 공기업 지도자로서의 역할은 끝내 회복하지 못했다. 이외에 포드의 자크 나세르, 휴렛팩커드의 칼리 피오리나, IBM의 존 애커스, 유나이티드항공의 리처드 페리스, 애플의 존 스컬리 모두 CEO 자리에서 물러난 후 주요 공기업 수장으로 복귀하지 못한 사례다. 그들은 대중의 지지를 받는 뛰어난 지도자들이었고, 최근에 문제가 된 사기꾼 같은 일부 CEO들과 달리 주주들의 돈을 가로챈 적도 없다. 하지만 그들은 결코 반격하지 않았고 외떨어진 자신의 집무실에서 조용히 사라졌다.

투쟁이냐 도주냐의 문제에서 핵심 결정인자는 지도

자로서의 명성에 가해지는 손상(혹은 잠재적 손상)이다. CEO들이나 여타 지도자들의 경우, 자리에서 밀려나더라도 재기에 필요한 자원이나 경험은 얼마든지 보유하고 있다. 하지만 명성은 다르다. 그들이 복귀에 성공하느냐 실패하느냐의 여부는 바로 여기서 판가름난다.

상처뿐인 영광만 있는 싸움은 피하는 게 최선이다. 순전한 복수전은 셰익스피어의 비극처럼 둘 다 지는 싸움이다. 그 한 예가 휴렛팩커드 이사진 중 한 명인 톰 퍼킨스다. 그는 당시 HP 이사회 기밀 유출자로 자신의 친구이자 동료인 조지 키워스가 지목되자 이에 항의하고 나섰다. 그러나 패트리샤 던이 회장직에서 사퇴하고, 친구 키워스는 더 큰 망신을 당하고 어쩔 수 없이 이사회에서 물러나게 되었다. 반드시 지도자는 어떤 혐의에 대항하기 전에, 그러다가 오히려 자기 혐의를 만천하에 알리는 격이 되어 더 심각한 피해를 입지는 않을지 신중히 고려해야 한다. 하지만 그 혐의가 자신의 경력에 치명타를 가함은 물론 재기의 길마저 가로막을 때는 맞서 싸워야 한다. 아리엘 샤론 이스라엘 전 총리를 생각해보라. 그는 1967년

6일전쟁 당시 이집트 전선에서 승리를 이끌어낸 지휘관이다. 15년 후 국방장관이 된 샤론은 레바논의 팔레스타인 해방기구를 향해 먼저 포문을 열었다. 팔레스타인 해방기구에 보복할 절호의 기회를 얻은 기독민병대는 이스라엘령 팔레스타인 난민촌인 사브라와 샤틸라 주민 수백 명을 학살했다.

「타임」지는 1983년 2월 21일자 커버스토리에서 이 학살을 기독교 대통령 바시르 게마엘 암살에 보복하려는 샤론과 민병대 간의 암약의 결과라고 보도했다. 샤론은 「타임」지 뉴욕 본사와 이스라엘 지사를 상대로 지루한 소송을 벌였다. 마침내 뉴욕과 이스라엘 모두에서 배심원들은 「타임」지의 고발을 거짓이자 명예훼손으로 판결했다. 「타임」지는 보상하고 사과했다. 당시 샤론은 언론을 통해 다음과 같이 밝힌 바 있다.

"참으로 길고도 지난한 싸움이었지만 싸울 가치가 있다고 판단했습니다. 나는 「타임」지의 거짓을 밝히기 위해 이 자리에 섰으며, 「타임」지가 거짓을 말하고 있다는 사실을 밝혀낼 자신이 있습니다."

용맹스런 전투지휘관 출신인 샤론은 자신의 명예를 지키기 위한 전투에 뛰어들었으며 집중력과 결단력을 발휘해 전투를 수행했다. 그는 자신이 결사적으로 자신을 변호하지 않으면 그를 대신해서 그 일을 도와줄 사람은 아무도 없다는 사실을 알았다. 만약 샤론이 이 같은 거짓 혐의에 도전하지 않은 채 계속 자신의 길을 갔다면 명예회복은 물론 정계 복귀도 불가능했을 것이다.

싸움을 도와줄 사람들을 끌어모으라

싸우든지, 아니면 잠시 전략적인 후퇴를 하든지, 경력 복귀전에는 시작 단계부터 바로 조력자들을 참여시키는 것이 아주 중요하다. 친구나 지인들은 회복 과정에서 후원자 내지는 조언자로서 중요한 역할을 한다. 진정으로 당신을 위하는 사람들은 당신이 지금까지 해온 일들 가운데 좋은 선택과 나쁜 선택에 관한 관점을 갖도록 도와준다. 신뢰하는 사람들 앞에서는 얼마든지 약한 모습을 보일 수 있다. 자신의 과거 경험으로부터 교훈을 얻으려면 솔직하고 자기비판적인 관점이 필요한데 자신의 연약함을 노출시키지 않고 이런 관점을 얻겠다고 하는 것은 어불성설이다. 물론 가족이나 친구들의 지원이 개인적으로 무한히 소중하다 해도 실제 경력 문제를 효과적으로 지원하기에는 한계가 있다. 사실상 새로운 조직, 새로운 직책으로 연결되는 데는 가까운 친구보다는 조금 알고 지내는 사람의 도움이 더 큰 경우가 많다는 연구가 있다.

스탠퍼드대학의 마크 그라노베터는 자신의 유명한 연구에서 다음과 같이 밝혔다. 개인적으로 접촉해서 직장을 구한 사람들 중 일주일에 두 번 이상 만나는 사람으로부터 소개받은 경우는 16.7%에 불과했고, 일 년에 한 번 이상 만나는 사람의 소개로 직장을 구한 사람의 비율은 55.6%를 차지했다. 반면 만난 지 오래된 대학 친구나 예전 직장 동료, 직장 일로 알게 된 사람처럼 일 년에 한 번 만날까 말까 한 지인을 통해 직장을 구한 비율은 전체 구직자의 27.8%를 차지했다. 다시 말하면, 일주일에 두 번 이상 보는 사람들보다 일 년에 채 한 번도 못 보는 사람들을 통해 일자리를 소개받을 가능성이 더 크다는 것이다. 그 이유는 가까운 친구의 경우 당신의 인맥에서 크게 벗어나지 못하는 반면, 지인은 새로운 사람과 새로운 만남을 주선해줄 가능성이 더 크기 때문이다. 실제로 지인의 인맥을 총동원할 경우 몇 다리만 건너면 웬만한 사람과 다 연결이 가능하다. 그러므로 재기를 위해 안간힘을 쓰는 시기엔 평소 별 상관없던 먼 지인들이 당신의 회복에 중요한 사람으로 드러날 수도 있다.

하지만 지인을 통한 넓은 인맥만 가지고는 부족하다. 그에 더해 멀어도 좋은 인맥을 쌓는 것이 중요하다. 그 좋은 예는 홈데포의 버니 마커스다. 마커스는 데일린그룹 자회사인 핸디댄 홈임프루브먼트의 CEO로 있던 중 그의 존재에 위협을 느낀 총수 시골로프에 의해 조작된 기미가 역력한 혐의로 해고를 당하고는 망연자실했다. 마커스의 말이다.

"나는 심한 자기 자비에 빠졌어요. 슬픔에 싸여 며칠 잠을 설치기도 했고요. 창조보다 생존에 더 관심을 갖기는 성인이 된 후로 그때가 처음이었습니다."

그런데 마커스에게는 뜻밖의 자산이 있었다. 마커스는 자신의 절친한 친구든 함께 일했던 동료든 무심코 만난 지인이든 남다른 정직성, 존경심, 그리고 신뢰로 대했다. 평소 이런 배려는 그가 어려움에 처했을 때 그를 돕는 주변 사람들의 손길로 되돌아왔다. 홈데포 출범이 가능할 수 있었던 것도 한낱 지인에 불과했던 시큐리티 퍼시픽 내셔널 은행 립 플레밍 덕택이었다.

마커스는 홈데포 시작 당시 200만 달러의 자본금을 조성했지만 신규 사업자금으로는 충분치 못했다. 그는 여러 은행을 찾아다니며 사업자금 융자를 신청했지만 번번이 거절당했다. 그러다가 마지막으로 찾아간 사람이 시큐리티 퍼시픽 내셔널 은행 립 플레밍이었다. 마커스와 플레밍은 은행가와 고객의 관계는 단순한 사업거래처 이상이어야 한다고 믿었다. 그래서 플레밍은 핸디맨 시절 마커스의 고문을 맡기도 했다. 이처럼 사업상의 유대감이 강했는데도 플레밍 또한 처음에는 융자를 꺼렸다. 마커스가 로스앤젤레스로 날아와 사업계획을 납득시키기 전까지는 말이다. 마침내 시큐리티 퍼시픽 내셔널 은행이 350만 달러의 융자를 승인함으로써 홈데포는 일어설 수 있었고 사업을 계속할 수 있었다. 마커스는 몰랐던 사실이지만, 시큐리티 퍼시픽 내셔널 은행 융자심의회는 끈질기게 올라오는 홈데포의 사업계획서를 계속 되돌려보내다가 플레밍이 사직서를 들고 은행장 사무실에 쳐들어가자 결국 승인했다고 한다.

관계 형성에 어떻게 임하느냐는 경력 회복의 가망에 지대한 영향을 미친다. 마커스는 흔히 데면데면하기 쉬운 지인들과도 남다른 유대관계를 형성하는 그런 사람이었다. 이런 제휴력은 지도자의 재기 능력을 보여주는 시금석이다. 운명이 자신을 저버린 듯한 순간, 좋은 인맥을 형성해온 사람들은 자신이 필요로 하는 도움을 창출해낼 가능성이 더 크다.

당신의 영웅적 위상을 회복하라

도와줄 사람들을 끌어모으는 데 성공했는

가? 좋다. 하지만 당신의 경력을 발전시키려면 여기서 한 걸음 더 나아가야 한다. 복귀를 시작하려면 보다 넓은 지지층 확보를 위한 구체적인 행동이 반드시 뒤따라야 한다. 이 문제를 해결하려면 소위 영웅적 위상이라는 것을 되찾아야 한다.

위대한 지도자에게는 실제 삶보다 원대한 존재를 부여해주는 영웅적 자아라는 것이 있다. 그리고 이러한 위상에 도달하려면 뭔가 공공의 자산으로 바칠 수 있는 자기만의 꿈을 개발해야 한다. 만약 당신이 제시한 꿈을 대중이 받아들이면 명성을 얻게 된다. 이유야 어찌 되었건 만약 당신의 공적인 꿈이 버림을 당하면 개인의 꿈 그리고 공인의 정체성 모두를 상실하게 될 것이다. 경력상의 엄청난 실패 후에 재기하려면 반드시 당신의 영웅적 위상, 즉 예전에 이름만 대면 다 알던 당신의 그 명성을 재건하지 않으면 안 된다. 이런 영웅적 위상을 회복하는 과정에서 필수적인 요소는 당신의 이야기를 드러내는 것이다. 그러려면 이를 교육하고 알리는 대중 홍보가 필요하다.

CEO가 해고되면 이사회에서 기업의 명성과 회사 자

체를 보호하기 위해 면직의 진정한 사유를 의도적으로 은폐하는 경우가 많다. 조직은 추방의 진정한 본질을 위장하고, 나아가 공들여 만든 회사의 위신 살리기 활동에 돌입한다. 언론은 완곡한 어법을 사용해 그 CEO가 '개인적 이유'로 혹은 '가족과 더 많은 시간을 보내기 위해' 사임했다고 보도한다. 해고된 CEO들을 인터뷰한 결과, 그들은 자신의 입장을 당당히 밝혀 자신의 영웅적 위상을 재건할 수 없다는 데서 가장 큰 좌절을 느끼는 것으로 드러났다. 우리는 회사의 퇴진 방침을 따른다는 전제하에 일곱 자릿수의 퇴직금 협약을 맺은 몇 사람과도 인터뷰를 실시했다. 문제는 CEO들이 자신은 죄가 없음에도 혐의를 뒤집어쓰고 축출당함으로써 공적인 희생양이 되는 것이다. 그런 일을 당하고도 잘못된 것을 바로잡지 못하고 아무런 대응도 못한 채 속수무책으로 당하기만 하는 CEO들을 언론이 먼지떨기 식으로 조사하기 시작하면 명성이 만신창이가 되어 그야말로 회복 불능 상태가 된다.

지도자가 지위를 박탈당하면 비방금지 협약을 맺고, 비

경쟁 조항에 서명하고, 돈 받고 사라지는 게 실속을 챙기는 거라 생각할 수 있다. 하지만, 그런 서약은 실수라는 게 우리의 강력한 신조다. 조만간 돈이 떨어질 테고, 평생 입 다물고 살아야 한다. 함구하겠다고 동의를 하는 순간, 장기간 실직 상태로 지낼 각오를 해야 한다.

엔론 사태의 숨은 인물인 대니얼 스코토가 생각난다. 스코토는 세계 굴지의 투자은행 파리바스의 리서치 부서장으로 있던 애널리스트였다. 엔론 사태 초기에 스코토는 엔론이 주요 사업 전체에서 적자를 내고 있으며, 역외탈세를 통해 흑자기업의 이미지만 만들어내고 있다고 말했다. 막대한 빚보증을 서주던 파리바스는 스코토에게 발언을 철회하라고 요구했다. 스코토가 거절하자 파리바스는 억지로 3주간 병가를 떠나게 한 뒤 해고시켜버렸다. 그는 비방금지 협약에 서명할 것을 강요당했고, 자신의 이야기를 할 수 없게 되었다. 그 후 스코토는 5년간 실직 상태에 있었다.

마사 스튜어트는 반드시 그런 방식으로 진행될 필요는 없다는 걸 가장 잘 보여준다. 최근 자신의 이야기를 한

CEO 중 가장 널리 알려진 인물인 스튜어트는 영웅적 위상을 어떻게 회복하는지를 보여준 좋은 사례다. 그녀는 복합적인 캠페인을 조심스럽게 기획해 자신의 명성을 되찾았다.

그녀는 연방정부의 임클론 주식 내부자거래 조사에서 재판방해 혐의로 기소된 바로 다음날, 「USA 투데이」와 「뉴욕타임스」에 전면광고를 내보냈으며 마사톡스닷컴이라는 웹사이트를 개설했다. 그녀는 대중에게 보내는 공개 서한을 통해 자신의 무죄를 주장하고 오명에서 벗어나려는 의지를 천명했다. 그녀는 영웅이 꽈당 넘어지면 사람들은 상충하는 두 개의 이미지, 즉 한때 영웅이 차지했던 실제 삶보다 원대한 존재와 현재 영웅이 직면한 추락한 상태라는 양극단에서 어떻게 균형을 잡을지 고민한다는 사실을 직감적으로 알았다. 스튜어트는 자신의 서한에서 사람들이 자신의 이야기를 확실히 알도록 함으로써 사람들의 혼란을 해소하는 데 성공했다. 내부자거래 혐의 일체를 공식 부인했으며 당초 연방정부 수사의 단초를 제공한 세 증인이 얼마나 믿을 수 없는 사람들인지 누누이 강조했다. 스튜어트는 사람들이 계속해서 자신의 영웅적 위상을 믿도록 발 빠르게 대응했다.

그녀의 변호사인 로버트 G. 모빌로와 존 J. 티그 주니어도 그녀의 웹사이트에 지지성명을 올려 스튜어트의 공개서한에 힘을 실어주었다. 그들은 성명서에서 정부가 일년 반이나 기소도 않고 기다린 이유가 무엇인지 언론이 나서서 수사해야 한다고 주장했다. 그들은 이렇게 반문했다.

"스튜어트는 여성의 몸으로 남자들의 세계인 기업계에서 자신의 재능과 혼신의 노력, 그리고 엄격한 윤리를 바탕으로 당당히 승부했을 따름인데, 그것이 수사의 이유입니까?"

스튜어트는 변호사들과 협력해 자신을 골리앗 같은 정부를 상대로 고군분투하는 외롭고 용감한 다윗의 이미지로 부상시켰다. 추락한 왕년의 스타를 팬들은 저버리기는커녕 그녀를 중심으로 오히려 더 똘똘 뭉쳤다. 마사 스튜어트 리빙 옴니미디어 주가는 이런 팬심의 막강한 위력을 가늠할 바로미터다. 심지어 스튜어트가 감옥살이를 하는 외중에도 주가는 반등을 넘어 임클론과의 운이 나빴던 주식거래가 알려지기 전보다 50%나 뛰었다. 출소 직후 주가는 역대 최고치에 근접했으며, 매거진 광고 수익도 늘었고, 두 개의 전국적인 TV 프로그램을 시작했다. 스튜어트가 자신의 이야기를 하면 할수록 팬들의 충성심은 높아만 갔다.

스튜어트는 자신의 사건에서 대체 무슨 일이 있었는지 불안을 잠재울 해명에 성공했다. 하지만 당신은 그렇게 할 수 없다면? 당신 실수로 넘어졌다면? 만약 당신이 너무도 지탄받을 행동을 해서 반박의 여지가 없다면, 진심으로 뉘우치는 모습을 보여줘라. 진정 참회하고 속죄하는 사람에게는 지극히 관대한 것이 또한 대중이다.

당신의 패기를 증명하라

부당한 혐의에 맞서 싸울 방법을 결정함으로써 자신의 명성을 지키는 것, 그리고 사람들을 끌어모으는 것 모두 비참한 실패의 여파 속에서 새롭게 일을 시작하는 데 필수적이다. 하지만 궁극적으로 완전한 회복이 이루어지려면 새로운 역할을 맡아야 하고 새로운 조직을 만들어야 한다. 당신이 여전히 신뢰할 만한 수준으로 월등하게 일을 수행할 수 있다는 것을 보여준다면, 사람들은 당신을 사업상의 악재를 딛고 승리할 패기가 있는 사람으로 생각하기 시작할 것이다(다음 글 '어떻게 재기할 것인가' 참고).

패기를 보여주는 건 쉽지 않은 일이다. 추락한 지도자들은 회복의 과정에서 수많은 장애물을 만나는데, 자신에게 과연 다시 정상에 오를 능력이 있는지 의심하는 경우가 적잖다. 어느 해고 CEO는 이렇게 말했다.

"내가 여기 앉아서 '어이쿠, 내가 할 일은 오뚝이처럼 다시 일어나서 새로 시작하는 것뿐이야' 이러고 있을 것 같습니까? 그런 일은 절대로 없습니다. 다시 시작하는 사람은 아주 드물어요." 하지만 재기하는 지도자는 열이면 열 이런 의심을 넘어서 다시 시작할 수 있는 사람이다.

어떻게 재기할 것인가

우리는 해고된 CEO 및 전문직업인 300명을 대상으로 한 인터뷰와 리더십에 관한 우리의 학술연구, 컨설팅 사례, 그리고 개인적 경험을 통해 경력상의 재앙으로부터 재기할 수 있는 핵심 5단계를 밝혀냈다. 참담한 시련으로부터 회복하려고 몸부림치는 사람이면 누구나 이 5단계를 활용해 과거의 영광에 맞먹는, 아니 오히려 그것을 능가하는 업적을 이룰 수 있다.

• *어떻게 응전할 것인지를 결정하라.* 상처뿐인 승리는 오히려 당신을 향한 혐의들에 대중의 관심을 집중시킴으로써 당신에게 치명상을 입힐 수 있다. 하지만 당신의 명성이 부당하게 침해받고 있다면, 즉각 대처하라.

• *싸움을 도와줄 사람들을 끌어모으라.* 어려움의 시

기에 친구와 가족이 위로와 더불어 어떤 관점을 제공해줄 수는 있다. 하지만 새로운 직장을 얻는 데는 지인의 역할이 더 중요할 수도 있다.

• **당신의 영웅적 위상을 회복하라.** 권좌에서 쫓겨난 지도자들이 비방금지 협약에 서명할 것을 권고받는 경우가 왕왕 있다. 그렇게 하지 마라. 대신 복합적인 캠페인을 벌여 당신이 뒤집어쓰고 있는 오명을 씻고 당신의 위상을 회복하라.

.

• **당신의 패기를 증명하라.** 경력상의 재앙을 겪은 후에는 과연 내가 다시 정상을 회복할 수 있을까 의심이 들 것이다. 그런 불안감을 반드시 이겨내야 한다. 그리고 그 과정에서 다른 사람들은 물론 당신 자신에게도 당신이 여전히 미다스의 손을 갖고 있음을 증명해 보이고야 말겠다는 용기를 찾아야 한다.

• 당신의 영웅적 사명을 새롭게 발견하라. 위대한 지도자가 남다른 이유는 지속적인 유산을 향한 그들의 외길인생 때문이다. 참담한 시련으로부터 회복되려면 당신의 열정을 새롭게 불태우고 인생의 새로운 의미를 창출할 영웅적 사명을 새롭게 발견해야 한다.

심지어 일부 지도자들은 익숙한 무대에서 끌어내려져 전혀 새로운 분야로 내몰려도 낯선 모험에 도전하기를 두려워하지 않는다. 계속해서 위대한 지도자로 남으려면 이처럼 역경에 맞서 반등하는 능력, 즉 산산조각난 자신감을 딛고 일어나 당신의 내적 강인함을 다시 한번 입증하는 능력이 결정적이다.

미키 드렉슬러를 보자. 갭 설립자 도널드 피셔는 여타 의류 브랜드들과 대동소이한 옷들을 팔며 경쟁에서 고전을 면치 못하고 가격 게임에 빠져 있던 1983년, 앤테일러로부터 드렉슬러를 빼내왔다. 드렉슬러는 오리지널 갭 매장에만 머물지 않고 갭키즈, 베이비갭, 갭바디에 이어 고객의 다양한 요구에 부응하기 위해 바나나 리퍼블릭과 올드 네이비와 같은 색다른 브랜드들도 영입해 리테일 부문 확장을 꾀했다. 그가 갭에서 일한 1983년에서 2000년 사이, 갭의 매출은 4억 8,000만 달러에서 137억 달러로 껑충 뛰었으며, 주가는 169배 상승했다.

그러다가 뭔가 삐꺽하기 시작했다. 족집게처럼 시장을 내다보던 드렉슬러의 사업가적 기량이 바닥났다는 비난이 일었고, 애널리스트들과 언론도 상품이 지나치게 앞서간다며 의혹의 눈길을 보내기 시작했다. 항간에는 문제의 주범은 피셔의 동생이 매장 수를 무리하게 늘린 나머지 매장들이 너무 다닥다닥 붙어 있기 때문이라는 평도 있었다. 그런데도 분기별 동일 점포 매출이 2년 연속 하락하고 주가가 75% 추락하자 사업 부진에 대한 비난이 드렉슬러에게 집중되었다. 2002년 5월 21일, 드렉슬러는 다가올 시즌의 상품을 이사회에 제시하며 가을 시즌을 겨냥한 자신의 상품 라인의 성공을 자신했다. 하지만 이사회의 눈에는 차지 않았고, 더 이상 드렉슬러의 현장 경영 스타일로는 방대해진 회사를 감당할 수 없다고 생각한 피셔는 다음날 아침 드렉슬러를 해고했다.

당시 드렉슬러는 돈을 벌만큼 번 부자였지만, 그는 지난 2년의 실패가 전적으로 자신의 잘못만은 아니며, 아울러 그것이 자신의 무능력의 반증이 아님을 입증해 보이리라 결심했다. 그는 스스로의 자신감은 물론 다른 사람들의 신뢰를 회복할 유일한 길은 자신의 전문기량을 다시한번 십분 발휘할 수 있는 역할로 되돌아가야 한다는 것을 알았다. 그는 갭이 제시한 수백만 달러의 퇴직금을 단한 가지 이유로 거절했다. 바로 비경쟁 조항이었다. 그가몇 가지 다른 방안의 탐색을 끝냈을 때, 행운의 여신이 허우적거리는 패션업체 제이크루의 모습으로 변장을 한 채그의 문을 두드렸다.

매장 수가 200개밖에 안 되는 제이크루는 갭에 한참 못미치는 자그마한 회사였다. 하지만 바로 이런 점이 드렉슬러의 현장 경영 스타일에 딱 들어맞았고, 드렉슬러는여기서 한 방 날릴 절호의 기회를 얻었다. 드렉슬러는 자기 돈 1,000만 달러를 투자해 투자회사 텍사스 퍼시픽으로부터 제이크루의 지분 22%를 사들였다. 그리고 전 고용주로부터 받았던 액수의 10분의 1도 안 되는 급여를 받았다.

"이 회사 하나 운영하려고 내가 얼마나 값비싼 대가를 치렀는지 아마 모르실 겁니다."

인수 직후 그는 「뉴욕」 매거진 기사에서 이렇게 너스레를 떨었다. 드렉슬러는 그가 여전히 실력자임을 입증하고도 남았다. 2003년 3,000만 달러의 영업손실을 내던 제이크루는 2004년 3,700만 달러의 영업이익을 내는 기업으로 탈바꿈했다. 소매업 핵심 단위의 하나인 평방피트당 동일 점포 매출은 338달러에서 400달러로 18% 상승했다. 반면 그의 전 고용주는 평방피트당 매출이 3% 하락했다. 2006년 여름까지 드렉슬러는 매출과 수익 모두 20% 상승시켰고, 기업공개를 통해 제이크루를 상장시켰다. 언론은 그의 회복에 박수를 보냈고, 그의 명백한 능력을 인정했다.

다른 사람들과 마찬가지로 드렉슬러 역시 복귀를 위해 엄청나게 어려운 상황에서 자신의 가치를 입증해 보여야만 했다. 실추된 지도자가 명예를 회복할 수 있다는 사실은 신생기업이나 성공기업 모두에게 해당된다. 지도자는 힘든 상황 속에서 스스로에게는 물론 다른 사람들에게 자신이 여전히 미다스의 손을 갖고 있으며 복귀를 향한 여정에서 그 어떤 난관도 극복할 수 있음을 입증해 보이려는 패기를 지녀야 한다.

당신의 영웅적 사명을 새롭게 발견하라

대부분의 위대한 지도자들은 자신의 생애 이후에도 지속될 유산을 남기고 싶어 한다. 그렇다고 상아탑에 자신의 이름을 새긴 건물을 지으라는 말이 아니다. 그보다는 오히려 조직을 만들고 이끌어감으로써 사회를 발전시켜야 한다는 뜻이다. 그것이 바로 우리가 말하는 영웅적 사명이다.

이 글에서 살펴본 지도자들 대부분은 사업의 실패 이전에는 지속적인 유산을 만드는 일에 깊이 관여했었다. 그

랬던 그들의 마음이 궤도를 이탈해 파국의 길로 치달은 것은 바로 그들이 이런 영웅적 사명을 잃어버렸기 때문이다. 일례로 1985년 스티브 잡스가 애플에서 해고당한 날, 그의 친구 마이크 머레이는 잡스가 충격으로 행여 자살하지나 않을까 걱정된 나머지 잡스의 집으로 찾아가 몇 시간을 함께 있었다. 그는 잡스가 그렇게까지 하지는 않을 거라는 확신을 가진 후에야 집으로 돌아갔다고 한다.

하지만 잡스는 절망의 구덩이에서 그다지 오래 뒹굴지 않았다. 애플에서 쫓겨난 지 한 주 뒤 그는 유럽으로 날아갔다. 파리에서 며칠 머문 그는 이탈리아 북부 토스카나로 가서 자전거 한 대, 침낭 하나를 사서 언덕에서 야영하며 별들 아래에서 앞으로 무얼 할 것인지 곰곰이 생각했다. 이탈리아를 떠난 그는 스웨덴을 거쳐 러시아로 갔다가 집으로 돌아왔다. 잡스는 그렇게 열정과 야망을 새롭게 한 후 캘리포니아로 돌아와 자신을 IT업계의 강자로 재창조하는 일에 착수했다. 그는 넥스트라는 컴퓨터 회사를 차렸다. 1996년 애플은 넥스트를 4억 달러에 인수한다. 그리고 잡스는 애플로 복귀하는 동시에 막대한 성공을 거둔 컴퓨터그래픽 영화사 픽사의 막후 실세로 등극한다. 애플로 복귀한 잡스는 분수령이 된 아이맥, 아이북, 아이팟과 같은 세련된 디자인의 제품을 속속 출시해 회사를 소생시키고 쇄신시켰음은 물론 아이튠즈와 같은 유망 사업들로 영역을 확장했다.

마사 스튜어트나 스티브 잡스는 다행히 자신의 본래 영역에서 영웅적인 사명을 다시 붙잡을 수 있었다. 하지만 익숙한 영역에서 내동댕이쳐진 후 굳게 잠긴 문 앞에 선 다른 지도자들은 결국 맨땅에서 다시 시작하는 심정으로 새로운 기회를 찾고 전혀 새로운 영웅적 사명을 창출해야 했다.

드렉셀번햄램버트 증권회사의 '정크 본드의 제왕' 마이클 밀켄이 바로 그런 경우였다. 밀켄의 삶은 아메리칸 드림의 화신과도 같았다. 독립기념일(7월 4일)에 태어난 그는 40대 중반에 억만장자가 되었으며, 세계적으로 가장 영향력 있는 금융가의 한 명이 되었다. 그러다가 모든 게 무너져내리기 시작했다. 그는 98개 죄목으로 기소되었으며, 여러 다른 범죄 중 증권거래위원회에 의해 내부자거래, 주식 파킹stock parking, 주가 조작, 공갈, 고객기망 행위로 광범위한 민사소송이 제기되었다. 그는 비교적 가벼운 죄목 6개에 대해 유죄를 인정했다. 1990년 11월, 그는 10년 징역형을 선고받고, 6억 달러의 벌금을 지불하기로 합의했다. 나중에 보호관찰 위반으로 4,200만 달러를 추가로 지불했다. 밀켄은 22개월 복역 후 다른 수사에 협조한 정상이 참작되어 조기 출소했다. 하지만 그는 증권업계에 영원히 발을 붙이지 못하게 되었다.

일주일 후 밀켄은 전립선암 진단을 받았고, 12~18개월밖에 살지 못할 거라는 시한부 판정을 받았다. 밀켄은 그 즉시 암과의 싸움에서 승리하겠다는 자신의 새로운 영웅적 사명에 미친 듯이 달려들었다. 공격적인 치료를 받았고 식사요법도 연구했다. 결국 그는 살아남았을 뿐 아니라 전립선암 치료법 연구를 지원하는 재단까지 설립했다. 아울러 그는 세계 최고의 과학, 정치, 종교, 기업계를 이끄는 최고실력자들을 한데 모아 경제연구소를 설립했다. 지금도 밀켄은 자신이 부당하게 기소되었다는 주장을 굽히지 않고 있다. 거기에 동의하지 않을 사람들도 있겠지만,

그가 잃었던 삶을 되찾았다는 사실에는 별다른 이의를 제기하지 않을 것이다. 대중은 그가 자신의 죗값을 치렀다고 인정했으며, 과연 그가 그토록 용서받지 못할 죄를 저질렀는가에 대한 재고의 움직임마저 일고 있다.

스티브 잡스, 마이클 밀켄, 지미 카터와 같은 이들이 일반 대중과 차별화될 수 있었던 이유는 자신의 영웅적 사명을 되찾겠다는 일념으로 열정을 다해 추구했기 때문이며, 그들의 그런 모습이 추종자들의 마음을 사로잡아 그들과 함께하게 만든 원동력이 되었기 때문이다. 최악의 경우 만약 생의 목적을 빼앗긴 채 더 이상 추구할 의욕마저 상실한다면 거세게 밀려오는 자신의 존재이유에 대한 공허함과 의심으로 감당할 수 없는 지경에 이를 수도 있다. 필생의 목적으로 삼을 새로운 사명을 찾는 데는 각고의 노력이 필요하지만, 이는 회복을 위해 반드시 치러야 할 대가다.

이 글에서 다룬 지도자들의 비극과 승리와 재기가 나와는 거리가 먼, 신화적인 이야기로 느껴질 수도 있다. 하지만 그들의 이야기는 경력상의 재앙으로부터 회복되는 것에 관한 중요한 교훈을 시사해준다. 물론 영역별 문화가 다르고 지도자의 규범이 다르므로 그들이 직면하는 도전 역시 천차만별이겠지만, 그 어떤 기업이든 신화적인 재기를 이루어낼 수 있다는 점에서는 동일하다. 일례로 어떤 성직자가 성추문에 연루되면, 그것으로 그는 끝이다. 하지만 연예인의 경우 복귀가 가능하며, 악명으로 말미암아 오히려 더 유명세를 타게 될 수도 있다. 신뢰가 생명인 직종이 있는가 하면, 유명세에 가치를 두는 직종도 있다. 그러므로 반드시 상이한 기업문화에 부합하도록 회복방안을 조정해야 한다.

당신이 어느 전장에서 싸우든, 본격적인 회복을 위해 명심해야 할 중요한 사실이 있다. 바로 우리 인생은 비록 실패했더라도, 내가 선택하기 나름이라는 사실이다. 건강을 잃을 수도, 사랑하는 사람을 잃을 수도, 직장을 잃을 수도 있지만, 대부분 되찾을 수 있다. 그 누구도 내 인생에 대해 어떻게 사는 것이 성공이고 실패인지 단정적으로 말할 수 없다. 내 인생의 성공과 실패는 오로지 내가 그것을 어떻게 정의하느냐에 달렸다. 내 스스로 무릎 꿇지 않는

한, 아무도 나의 존엄성을 빼앗아갈 수 없다. 내 스스로 포기하지 않는 한, 아무도 내 희망과 자부심을 앗아갈 수 없다. 내 스스로 생각하기를 멈추지 않는 한, 아무도 나의 창의성과 상상력과 내가 가진 기술들을 훔쳐갈 수 없다. 내가 포기하지 않는 한, 그 어느 누구도 나의 재기를 가로막을 수 없다.

6
악착같이 견디는 것 이상의 힘, 회복탄력성

어려움을 견디는 것만으로는
회복탄력성을 기를 수 없다, 재충전하라

by 숀 아처, 미셸 길란

숀 아처 Shawn Achor
뉴욕타임스 베스트셀러인 『행복의 특권The Happiness Advantage』 『행복을 선택한 사람들Before Happiness』의 저자이며, TED 인기강좌인 〈보다 나은 일을 위한 행복한 비결The Happy Secret to Better Work〉의 연사이기도 하다. 그는 「포춘」지 선정 세계 100대 기업의 3분의 1이 넘는 기업과 미국프로풋볼연맹, 미 국방부, 백악관 등을 포함해 전 세계 50개 국가에서 강연 또는 연구를 담당했다. 현재 그는 오프라 윈프리와 더불어 〈21일간의 긍정적 변화체험〉 과정을 진행하고 있다.

미셸 길란 Michelle Gielan
CBS 뉴스 앵커로 활약하다가, 펜실베이니아 주립대학교 긍정심리학 연구원을 지냈으며, 현재 베스트셀러 작가로 활동 중이다. 저서로 『행복을 광고하라 Broadcasting Happiness』가 있다.

늘 여행을 다니고, 두 살배기 아이를 둔 우리 부부는 가끔 이런 상상의 나래를 펼치곤 했다. '만약 우리 중 누구든 휴대폰이나 친구, 〈니모를 찾아서〉 같은 만화영화의 방해를 받지 않는 비행기 안에 있다면 얼마나 많은 일을 할 수 있을까.' 그래서 우린 서둘러 모든 기초 작업을 마친다. 여행 가방을 싸고, 출국 검사를 통과하고, 탑승 전 마지막 업무 통화를 하고, 우리끼리도 통화를 마치고 비행기에 탑승한다. 그때부터 환상적인 기내 워크 세션을 가지려고 안간힘을 써보지만, 아무 일도 끝내지 못한다. 메일 새로고

침 버튼만 계속 누르고 논문 하나를 읽고 또 읽다가 목적지에 도착해 여전히 산적해 있는 메일을 끌어안고 업무를 계속 이어가려고 하면, 이미 녹초가 된 상태다.

왜 이렇게 비행기 타는 게 사람 진을 빼지? 아무 하는 일 없이 그냥 앉아 있기만 했는데? 왜 우린 좀 더 강하게, 이를테면 회복탄력성과 결연한 의지를 발휘해서, 스스로 정한 목표들을 완수하지 못하는 걸까? 우리가 최근에 진행한 연구를 통해 우리는 그것이 정신없이 바쁜 일정이나 비행기 여행 그 자체의 문제가 아니라, 회복탄력성의 의미와 과로가 초래하는 영향에 관한 오해에서 비롯된 것임을 깨닫게 되었다.

흔히 회복탄력성과 그릿GRIT(Growth, Resilience, Intrinsic Motivation, Tenacity의 약자. 미국 심리학자 앤절라 더크워스가 개념화한 용어 ─ 옮긴이)은 우리에게 '강철 같은' 전투적인 개념으로 다가온다. 그래서 우리는 진흙탕을 뛰는 해병대, 한 번 더 링 위로 올라가는 권투선수, 한 경기 더 뛰려고 몸을 일으켜 잔디구장으로 향하는 풋볼선수를 상상한다. 우리가 더 오래 참고 견딜수록 더 강인해지고, 따라서 더 성공할 수 있다고 철석같이 믿는다. 하지만, 이러한 개념은 전부 과학적으로 부정확하다.

우리가 강한 회복탄력성을 발휘해 성공할 수 있으려면 충분한 회복기간이 필요한데도 실상은 그렇지 못하다는 것이 바로 문제의 핵심이다. 연구에 의하면 회복기간을 충분히 가지지 못하는 것은 발병률 및 안전사고[1]와 직접적인 상관관계가 있다. 예를 들어 업무 때문에 머릿속이 복잡해 잠을 설친다든지, 아니면 휴대폰에 온통 신경이 곤두서 있다든지 식으로 충분히 회복하지 못한 상태로 인한 기업의 연간 생산성 손실이 620억 달러(6,200만 달러가 아니다)에 달한다고 한다.[2]

단순히 일을 멈추는 것으로 회복이 된다고 말할 수는 없다. 우리는 오후 5시면 일을 '멈춘다.' 하지만 그러고 나서도 직장 일에 대한 해결책을 고심하며 밤을 지새우기도 하고, 저녁식사 자리에서 회사 이야기를 꺼내거나 내일 할 일을 생각하면서 잠이 든다. 지난달 노르웨이에서 발표한 연구에 의하면, 연구자들은 노르웨이 국민의 7.8%가 일중독자라는 사실을 발견했다.[3] 학자들이 내린 '일중독'에 대한 정의를 인용하면 다음과 같다. "일에 대한 과도한 염려, 통제 불가능한 수준의 일 욕심, 일에 지나친 시간과 노력을 투자한 나머지 삶의 중요한 영역들이 피폐해지는 것."[4]

대다수 미국 근로자들이(「하버드비즈니스리뷰」 애독자를 포함해서) 일중독 상태에 해당된다고 생각한 우리는 미국의 일중독 실태 연구에 착수했다. 우리는 한 유명 의약품업체의 방대한 기업 데이터를 활용해 테크놀로지가 어떻게 우리의 작업시간을 연장시키며, 그로 인해 우리에게 필요한 인식의 회복을 얼마나 저해하는지 연구 중이다. 우리는 이것이 막대한 건강보험 재정과 높은 이직률을 초래했다고 생각한다.

우리는 어린 시절부터 회복탄력성에 대한 잘못된 인식을 갖도록 길러진다. 자녀들에게 회복탄력성을 가르치려는 부모들은 과학경연대회 과제를 완성하기 위해 새벽 3시까지 깨어 있는 고등학생 자녀들을 칭찬할는지도 모른다. 회복탄력성을 이렇게 왜곡하다니! 잘 쉬는 아이가 회복탄력성이 강한 아이다. 학생들이 지친 상태로 운전해서 등교하다가는 졸음운전으로 사람들을 다치게 할 위험 천만한 상황을 감수해야 한다. 어디 그뿐인가? 인지자원이 다 떨어지다 보니 영어시험을 봐도 좋은 성적을 거둘수 없고, 친구들과 함께 있을 때 자기 통제력이 떨어지며, 집에서 부모와 함께 있을 때도 침울하다. 과로와 피곤은 회복탄력성의 적이다. 우리가 유년기에 습득한 나쁜 습관은 노동시장에서 비로소 눈덩이처럼 불어난다.

아리아나 허핑턴은 자신의 탁월한 저서 『수면 혁명』에서 이렇게 썼다. "우리는 생산성이라는 미명 아래 수면을 희생시키는데, 반대로 우리가 직장에서 아무리 초과근무를 해도 수면이 부족하면 연간 노동자 일인당 11일 휴업내지는 2,280달러에 해당하는 생산성 손실을 가져온다."

회복탄력성의 관건은 일할 때는 정말 열심히 일하고, 그런 다음에는 멈추고 회복하는 시간을 갖고, 그러고 나서 다시 열심히 일하는 것이다. 이는 생물학적으로 근거 있는 결론이다. 생물학의 중요한 개념 중에 항상성 homeostasis이라는 것이 있는데 우리의 뇌가 끊임없이 회복하고 좋은 상태를 유지할 수 있는 능력을 말한다.[5] 텍사스 A&M대학교의 긍정신경과학자 브렌트 펄은 우리 몸을 평형 상태equilibrium로 만들어 좋은 상태를 유지해주는 어떤 행동들의 가치를 '항상성적 가치homeostatic value'라고 명명했다. 과로로 신체리듬이 깨진 상태에서 다시 전진하려면 균형부터 되찾아야 하는데 이를 위해 우리 몸은 엄청난 정신적·육체적 자원을 소모하게 된다.

짐 로허와 토니 슈워츠는 그들의 저서 『몸과 영혼의 에너지 발전소』에서 이렇게 썼다. "장시간 업무를 했는가? 그렇다면 그보다 더 많은 시간을 회복에 투자할 각오를 하라. 그러지 않을 경우, 당신은 탈진하게 될 것이다. '열심히 하려고' 당신의 자원들을 총동원한 나머지 현재 바닥 상태인 각성 수준을 원상복구하려면 엄청난 에너지를 필요로 한다. 이를 일컬어 '상향조절upregulation'이라고 한다." 그러다 보면 피곤은 더 심해진다. 따라서 과로로 몸의 균형이 무너진 정도가 심할수록 균형 상태를 회복하는 데 더 높은 가치의 활동이 필요하다. 해야 할 일이 많을수록 회복기간의 가치도 올라간다.

그렇다면 과연 어떻게 해야 회복탄력성을 회복하고 강

화할 수 있을까? 대부분의 사람들은 메일 답장이나 보고서 작성 같은 업무를 멈추면 우리 뇌가 자연적으로 회복되며, 그러고 나서 한참 뒤나 다음날 아침에 새롭게 시작하면 원기가 회복되겠거니 생각한다. 하지만 누구나 오랜 시간 침대에 누워는 있었지만 일 생각 때문에 좀체 잠들지 못한 경험이 있을 것이다. 8시간을 누워 있었지만 쉬어도 쉰 것 같지 않게 다음날 여전히 피곤한 그런 날들 말이다. 그 이유는 쉰다고 반드시 회복되는 것은 아니기 때문이다. 일을 멈추는 것이 회복이라는 생각은 오산이다.

만약 당신이 직장에서 회복탄력성을 강화하고 싶다면 충분한 내적·외적 회복기간을 가져야 한다. 프레드 R. H. 질스트라, 마크 크로플리, 리프 W. 리드스테드는 2014년 연구논문에서 다음과 같이 밝혔다. "내적인 회복은 그날 업무 일정 중에, 혹은 어떤 과제를 하다가 필요한 자원들이 일시적으로 확 줄어들거나 완전 바닥난 경우 잠시 주의를 돌린다든지 일을 바꿔서 할 때 일어나는 단기간의 회복을 말합니다. 외적인 회복은 업무 외적으로, 예를 들어 평일 퇴근 후 자유시간이나 주말, 휴일 혹은 휴가기간

중 일어나는 회복을 말합니다."[6] 만약 퇴근 후 침대에 누워 휴대폰으로 정치기사를 읽다가 열을 받는다든지, 집을 어떻게 리모델링할 것인지 결정해야 할 일들을 생각하며 스트레스를 받을 때 당신의 뇌는 아직 낮 동안의 높은 정신적 각성 상태로부터 휴식을 얻지 못하고 있다. 몸이 쉬는 것처럼 우리 뇌도 쉬게 해야 한다.

회복탄력성을 강화하고 싶다면, 먼저 전략적으로 멈추는 연습부터 시작해보자. 강해지려면 자원을 공급해줘야 하는데, 그러려면 내적·외적 회복기간을 충분히 가져야 한다. 에이미 블랭슨은 예일대학교 경영대학원에서의 연구를 바탕으로 쓴 저서 『행복한 디지털 중독자』에서 과로 방지 테크놀로지를 활용해 하루 중 전략적으로 멈출 수 있는 방법들을 소개했다.[7] 블랭슨은 매일 당신이 얼마나 자주 휴대폰을 들여다보는지 체크할 수 있는 앱인 인스턴트나 모먼트를 다운받는 것도 하나의 방법이라고 제시한다. 보통 사람들은 하루 평균 150번 휴대폰을 켠다고 한다.[8] 매회 1분씩만 본다 쳐도(지나친 낙관론인가) 하루 총 2시간 30분이다.

오프타임이나 언플러그드와 같은 앱을 사용해 전략적으로 필요한 시간대에 비행기 모드로 자동 조절되도록 설정해두는 방법도 있다. 이렇게 하면 테크놀로지 청정시간을 확보할 수 있다. 더불어 바닥난 두뇌 배터리를 충전시키기 위해 90분 간격으로 인식의 휴식시간을 가질 수 있다. 당신 책상에서 점심을 먹지 말고 대신 바깥으로 나간다든지 친구들과 함께 시간을 보내라. 단 업무 이야기는 하지 않다. 유급휴가를 전부 찾아 써라. 회복기간도 가질 수 있고 생산성도 향상되고 더불어 승진 가능성도 올라가게 될 것이다.[9]

우리 부부 이야기로 되돌아가자면, 이제 우리는 비행기 여행을 업무 청정지대, 즉 회복기에 푹 빠졌다가 나올 수 있는 그런 시간으로 활용하기 시작했다. 결과는 언제나 환상적이었다. 예전에는 비행기 탑승 전에 이미 피곤한 상태인 데다가 기내 좌석 공간이 너무 좁고 인터넷 연결 상태도 좋지 않아서 업무에 힘든 여건이었다. 지금은 물살을 거슬러 올라가려고 애쓰기보다는 그냥 느긋하게 쉬면서 명상을 하거나, 잠을 청하거나, 영화나 신문을 보기도 하고 재미있는 팟캐스트를 듣기도 한다. 이제 우리는 고갈 상태로 비행기에서 내리는 것이 아니라 활기를 되찾고 일터로 돌아갈 준비가 되었다고 느낀다.

주석

1장

1. Karl E. Weick, "The Collapse of Sense-making in Organizations: The Mann Gulch Disaster," *Administrative Science Quarterly*, December 1993.

3장

1. R. Emmons, "Why Gratitude Is Good," *Greater Good*, November 16, 2010, http://greatergood.berkeley.edu/article/item/why_gratitude_is_good; and "Why Practice Gratitude," *Greater Good*, October 31, 2016, http://greatergood.berkeley.edu/topic/gratitude/definition#why_practice.

2. M. E. Selligman et al., "Positive Psychology Progress: Empirical Validation of Interventions," *American Psychologist* 60, no. 5 (2005. 7-8): 410-421.

3. "The Happiness Study: An Employee Rewards and Recognition Study," Blackhawk Engagement Solutions, June 2, 2015, www.bhengagement.com/report/employee-happiness-study/.

4. A. D. I. Krammer et al., "Experimental Evidence of Massive-Scale Emotional Contagion Through Social Networks," *Proceedings of the National Academy of Science of the United States*

of America 111, no. 24 (2014) 8788-8790.

6장

1. J. K. Sluiter, "The Influence of Work Characteristics on the Need for Recovery and Experienced Health: A Study on Coach Drivers," *Ergonomics* 42, no. 4 (1999): 573-583.

2. American Academy of Sleep Medicine, "Insomnia Costing U. S. Workforce $63.2 Billion a Year in Lost Productivity," *ScienceDaily*, September 2, 2011.

3. C. S. Andreassen et al., "The Relationships Between Wrokaholism and Symptoms of Psychiatric Disorders: A Large-Scale Cross-Sectional Study," *PLoS One* 11, no. 5 (2016).

4. C. S. Andreassen et al., "Psychometric Assessment of Workaholism Measures," *Journal of Managerial Psychology* 29, no. 1 (2014): 7-24.

5. "What Is Homeostasis?" *Scientific American*, January 3, 2000.

6. F. R. H. Zijlstra et al., "From Recovery to Regulation: An Attempt to Reconceptualize 'Recovery from Work'" (special issue paper, John Wily & Sons, 2014), 244.

7. A. Blankson, *The Future of Happiness* (Dallas, Texas: BenBella Books, forthcoming 2017).

8. J. Stern, "Cellphone Users Check Phones 150x/Day and Other Internet Fun Facts," *Good Morning America*, May 29, 2013.

9. S. Achor, "Are the People Who Take Vacations the Ones Who Get Promoted?" *Harvard Business Review* online, June 12, 2015.

옮긴이 **김수미**

서울대학교 식품영양학과 졸업 후 성균관대–조지타운대 테솔 과정을 수료했다. 현재 번역 에이전시 엔터스코리아에서 전문 번역가로 활동하고 있다. 옮긴 책으로 『문제적 인간, 다윗』 『쓸데없는 걱정, 현명한 걱정』 『잠과 싸우지 마라』 『이 모든 걸 처음부터 알았더라면』 등이 있다.

KI신서 7712

HOW TO LIVE & WORK #4 회복탄력성

1판 1쇄 인쇄 2018년 10월 12일
1판 1쇄 발행 2018년 10월 19일

지은이 다이앤 L. 쿠투   대니얼 골먼   데이비드 코판스   실라 힌   더글러스 스톤   제프리 A. 소넌펠드
앤드루 J. 워드   숀 아처   미셸 길란   **옮긴이** 김수미
펴낸이 김영곤 박선영   **펴낸곳** (주)북이십일 21세기북스
콘텐츠개발1팀장 이남경   **책임편집** 김선영
해외기획팀 임세은 장수연 이윤경
마케팅본부장 이은정
마케팅1팀 김홍선 최성환 나은경 송치헌   **마케팅2팀** 배상현 신혜진 조인선   **마케팅3팀** 한충희 최명열 김수현
디자인 어나더페이퍼   **홍보팀장** 이혜연   **제작팀** 이영민

출판등록 2000년 5월 6일 제406–2003–061호
주소 (우 10881) 경기도 파주시 회동길 201(문발동)
대표전화 031–955–2100   **팩스** 031–955–2151   **이메일** book21@book21.co.kr

(주)북이십일 경계를 허무는 콘텐츠 리더

21세기북스 채널에서 도서 정보와 다양한 영상자료, 이벤트를 만나세요!
페이스북 facebook.com/21cbooks   블로그 b.book21.com
인스타그램 instagram.com/book_twentyone   홈페이지 www.book21.com

서울대 가지 않아도 들을 수 있는 명강의! 〈서가명강〉
네이버 오디오클립, 팟빵, 팟캐스트에서 '서가명강'을 검색해보세요!